Le Snob

Der Autor

Giles Fallowfield ist Experte für die Weine der Champagne und arbeitet als freier Autor und Journalist. Seine Artikel erscheinen in internationalen Zeitschriften wie *Drinks International, Decanter* und *Harpers*. Er betreut die Champagnerbeilagen der englischen Zeitschriften *Imbibe* und *Square Meal Magazine* sowie die Champagnereinträge im jährlich aktualisierten *Oz Clarke's Pocket Wine Book*. 2001 und 2003 wurde er mit dem *Lanson Champagne Writer of the Year* ausgezeichnet.

Für die Süddeutsche Zeitung Edition 2011
Projektleitung: Marion Meyer, Catharina Pawella
Übersetzung aus dem Englischen: Patrick Hutsch
Fachliche Beratung beim Lektorat: Esther M. Jürgens
Stilistisches Korrektorat: Buchstablerei
Satz der dt. Ausgabe: Esther Matusche

Cover und Gestaltung: Simon Daley
Illustrationen: Tonwen Jones

Konzipiert und produziert von
Elwin Street Limited
144 Liverpool Road
London N1 1LA
www.elwinstreet.com

Printed in China
ISBN 978-3-86615-857-3

Le Snob

CHAMPAGNER

Giles Fallowfield

Inhaltsverzeichnis

Warum man bei Champagner ein Snob sein sollte

Champagner ist einer der besten Schaumweine weltweit. Er ist das Getränk für festliche Anlässe. Heute wird er jedoch mehr und mehr auch als ein hervorragender Wein mit unzähligen unterschiedlichen Stilrichtungen wahrgenommen. Und je mehr Sie über einen Wein und seine Stilrichtungen wissen, desto mehr werden Sie ihn schätzen, desto häufiger werden Sie ihn genießen und desto größere Freude werden Sie daran haben.

Obwohl hochwertiger Schaumwein in vielen Ländern hergestellt wird, ist unbestritten, dass der weltweit berühmteste und begehrteste aus der *Appellation Contrôlée Champagne* im Nordosten Frankreichs kommt. Nirgendwo sonst werden mit Regelmäßigkeit Schaumweine hergestellt, die eine solche Intensität und Komplexität bieten und dank ihres hohen natürlichen Säuregehalts zudem so langlebig sind.

Was genau ist es, das Champagner so besonders macht? Was unterscheidet ihn von anderen Qualitätsschaumweinen? Eine einfache Antwort ist: das kühle Klima. Das Klima ist Dreh- und Angelpunkt der Champagnerproduktion und erklärt zugleich, wie es ursprünglich überhaupt zu seiner Herstellung kam. Zu Beginn des Weinanbaus in der kühlen, nördlichen Region geriet die erste alkoholische Gärung mit den bei Wintereinbruch fallenden Temperaturen ins Stocken. Die natürliche Hefe konnte den Zucker der

Trauben nicht vollständig in Alkohol umwandeln. Sobald im Frühling die Temperaturen anstiegen, begann der Wein in den Flaschen wieder zu gären, was ihm ein leichtes Perlen verlieh.

Das kühle Klima erklärt nicht nur – zum Teil – die Existenz des Champagners, es ist es auch einer der Schlüssel für seine Qualität. Die nördliche Lage der Champagne macht sie zum perfekten Ort für die leichten, säurereichen Grundweine, aus denen hochwertige Champagner hergestellt werden. Der hohe Säuregehalt der Trauben ist für die Langlebigkeit des Champagners sehr wichtig. Und da sie hier im Norden relativ langsam reifen, bleibt die Säure auf natürliche Weise erhalten.

Aufgrund seiner Fähigkeit, langsam und würdevoll zu altern, entwickelt Champagner seine Vielschichtigkeit und geschmacklichen Nuancen während er seine herrliche Frische für viele Jahre beibehält. Diese Eigenschaft hebt Spitzenchampagner von den besten Schaumweinen aus anderen Regionen der Welt ab.

Doch Champagner ist mehr als nur das Ergebnis eines gemäßigten Klimas. Es die ist magische Kombination von Klima, kalkhaltigen Böden und Hunderten von Jahren menschlichen Strebens – Veredelung, Anpassung und Verbesserung des Weinanbaus und der -herstellung –, die etwas Einzigartiges in der Flasche entstehen lässt.

Nicht jeder Champagner ist von hoher Qualität. Es gibt Tausende von Herstellern, und nicht alle erreichen das Niveau, das ein Kenner zu Recht von einem Champagner erwartet. Nach einer guten Ernte können über 350 Millionen Flaschen Champagner abgefüllt werden, ein großer Teil davon wird für 12 bis 14 Euro verkauft. Wenn Sie Champagner anhand solcher Weine beurteilen, werden Sie sich zu Recht fragen, warum um Champagner so viel Wirbel gemacht wird.

Etliche Champagnerhäuser, Winzergenossenschaften und Winzer stellen jedoch Weine her, die den Namen Champagner wirklich verdienen. Diese Hersteller und ihre Weine stehen im Mittelpunkt dieses Buches. Da jeder dieser Hersteller eine Reihe von Champagnern anbietet, stelle ich nur ihre besten und die für sie typischen vor. Einige außergewöhnliche Champagner von besonders hoher Qualität sind zudem als „Le Snob Tipp" gekennzeichnet.

Die Liste der Champagner hat keinen Anspruch auf Vollständigkeit. Es ist meine ganz persönliche Auswahl, die auf meinen Erfahrungen aus mehr als zwei Jahrzehnten mit zahlreichen Besuchen in dieser faszinierenden Region basiert. Dank der Großzügigkeit der *champenois* konnte ich viele der besten Weine und Jahrgänge der letzten hundert Jahre probieren. Dieses Wissen möchte ich mit Ihnen teilen. Ich hoffe, meine Tipps und Empfehlungen inspirieren Sie, verschiedene Weine auszuprobieren und Ihre eigenen, ganz besonderen Erfahrungen zu machen.

» Grundlagen

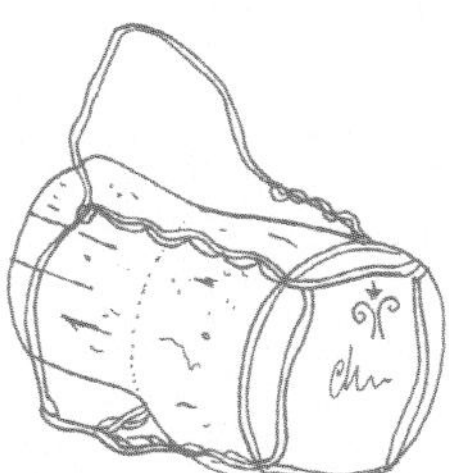

Die Anbauregionen

Nordöstlich von Paris erstreckt sich die Champagne über rund 150 km von Norden nach Süden und fast 120 km von Osten nach Westen. Ihre Weinberge sind jedoch kein zusammenhängendes Areal sondern liegen verteilt in fünf Regionen: Montagne de Reims, Vallée de la Marne, Côte des Blancs, Côte de Sézanne und Côte des Bar. Obwohl wegen der Böden und spezifischen Anbaubedingungen in jeder Region meist eine Rebsorte überwiegt, werden die drei wichtigsten Rebsorten Chardonnay, Pinot Noir und Pinot Meunier (siehe Seite 13) überall angebaut.

Die 319 Champagnertrauben anbauenden Gemeinden (*crus*) sind anhand der Prozentskala *Échelle des Crus* klassifiziert. Die Werte zwischen 80 und 100 % geben Auskunft über die Qualität der Weinberge: 258 Dörfer mit 80–89 % gelten als *terroir non classé*. 44 Dörfer mit 90–99 % sind *premiers crus*. Die besten 17 sind *grands crus* mit 100 % – neun von ihnen liegen in der Montagne de Reims, sechs in der Côte des Blancs und zwei in der Vallée de la Marne.

Montagne de Reims

Diese Region ist – wie ihre Grands Crus Mailly, Verzenay, Verzy, Ambonnay und Bouzy – vor allem für Pinot Noir bekannt. In einigen Gegenden kommen jedoch Pinot Meunier und Chardonnay häufiger vor. Die Gründe für die große Bandbreite an verschiedenen Weinstilen sind die unterschiedlichen Mikroklimata und Anbaubedingungen der einzelnen Lagen. Sogar die Art der Böden variiert – auch wenn alle Grands Crus auf dem für die Champagne berühmten kalkhaltigen Gestein liegen.

Vallée de la Marne

Die Weinberge der Vallée de la Marne liegen auf sandig-lehmigen Mergelböden, deren Kalkgehalt westlich von Épernay abnimmt. Die Hauptrebsorte ist Pinot Meunier. Sie treibt spät aus, reift früher und eignet sich daher gut für die frostgefährdeten Täler der nördlichen Region. Dem Ruf nach ist Pinot Meunier das Arbeitstier unter den Trauben der Champagne. Im Vergleich zu Chardonnay und Pinot Noir ist die Traube zwar weniger raffiniert, doch ihre Fruchtigkeit und frühe Reife helfen, jahrgangslose Champagner im jungen Alter zugänglicher zu machen.

Côte des Blancs

Die sehr reinen Belemnit-Kreideböden der Region sind reich an Mineralien und Spurenelementen. Mehr als 95 % der Fläche sind mit Chardonnay bepflanzt. Die Trauben der vier Grands Crus im Zentrum der Côte des Blancs – Cramant, Avize, Oger und Le Mesnil-sur-Oger – sind äußerst begehrt und erzielen höchste Preise. Nicht nur, dass sie jeden Verschnitt heben, reiner Chardonnay aus den Dörfern in der Côte des Blancs hat zudem Potenzial, zu einem Wein von großer Intensität, Mineralität und langer Lebensdauer zu werden – auch wenn er in seiner Jugend eher herb ist.

Côte de Sézanne

Lehm, Schlamm und vereinzelt auch Kalk prägen die Böden der Côte de Sézanne. Auf 64 % der Rebfläche wächst Chardonnay, auf rund einem Fünftel

Pinot Meunier. Durch die vorteilhafte südöstliche Lage reift der Wein früher und stärker und ist allgemein fruchtiger als in der Côte des Blancs. Er gilt jedoch als etwas rustikaler und weniger fein. Die Region wird in der Échelle des Crus mit 87 % für weiße und 85 % für rote Trauben bewertet.

Côte des Bar

Die Mergelböden der Region eignen sich besonders für den Anbau von Pinot Noir. Auf rund 83 % der Rebfläche wird daher Pinot Noir angebaut, was fast der Hälfte des Anbaus der Rebsorte in der Champagne entspricht. Die Côte des Bar ist die einzige Gegend Frankreichs, in der Wein unter drei Appellationen hergestellt werden kann: ein Schaumwein (Champagner) und zwei stille (die Rotweine Rosé des Riceys und Coteaux Champenois).

Seltene Rebsorten

Neben den drei wichtigsten Trauben, die zur Champagnerherstellung verwendet werden, gibt es knapp 100 Hektar mit vier weiteren Sorten: Arbane, Petit Meslier, Pinot Blanc und Pinot Gris. Die beiden Letzteren finden sich auch im Elsass oder in der Neuen Welt. Arbane und Petit Meslier sind seltenere, alte Champagnersorten, die man vor allem in der Côte des Bar findet. Zusammen machen sie nicht einmal 1 % der angebauten Trauben aus. Da sie in der Region immer schon schwieriger anzubauen waren, konnten sich die drei wichtigsten Rebsorten durchsetzen.

Rebsorten

Neben einigen seltenen Trauben werden in der Champagne vor allem Chardonnay, Pinot Noir und Pinot Meunier angebaut. Rund 33.850 Hektar, fast 100 % der Anbaufläche, sind mit diesen Hauptrebsorten bestockt.

Chardonnay

Die jungen Trauben liefern frische, klare Zitrusnoten, viel knackige Säure und florale Aromen. Reiner Chardonnay aus der Côte des Blancs hat am Gaumen zudem oft eine mineralische und kreidehaltige Note mit etwas Feuerstein sowie einem Hauch von Jod und Meersalz.

Pinot Noir

Diese Rebsorte bringt mehr Körper, Fülle, Vielschichtigkeit und Struktur in einen Verschnitt. Pinot Noir von den Nordlagen der Grands Crus in der Montagne de Reims hat oft eine eindringliche Säure, die Weine sehr langlebig macht.

Pinot Meunier

Meist betont fruchtig, kann Pinot Meunier auch eine etwas rustikale Note und Würze haben. Verschnitte mit einem hohen Anteil an Pinot Meunier entwickeln sich schneller. Nur selten wird die Traube für Einzellagenchampagner verwendet, auch wenn es gute Beispiele dafür gibt.

Champagnerstile

Champagner sind entweder Jahrgangschampagner oder jahrgangslose Champagner, die alle unterschiedlich sind und einen eigenen Stil, eine spezielle Qualität und Farbe haben sowie trocken oder süß sein können. Die große Mehrheit – vier von fünf verkauften Flaschen – wird als jahrgangsloser *brut* eingestuft. *Brut* bezieht sich auf die Menge an Restzucker im Wein. Bei Brut kann dieser zwischen 0 und 15 g pro Liter liegen, in der Regel sind es 10 bis 12 g.

Nach mehr als zehn Jahren mit höheren Sommertemperaturen, mehr Sonnenstunden und dadurch reiferen Trauben ist der durchschnittliche potenzielle Alkoholgehalt angestiegen. Gleichzeitig ist der Süßegrad der *dosage* im Brut schrittweise gesunken. Statistisch gesehen steigt zudem die Nachfrage nach sehr

Süßegrade von Schaumweinen

Etikettangabe	Restsüße g/l
Brut Nature, Zéro Dosage (naturherb)	0–2
Extra Brut (extra herb)	0–6
Brut (herb)	0–15
Extra Sec (extra trocken)	12–20
Sec (trocken)	17–35
Demi-Sec (halbtrocken)	33–50
Doux (mild)	50+

trockenem *extra brut* und *zéro dosage* Champagner, denen nach dem Degorgieren kein Zucker beigefügt wird (siehe Seite 23).

Jahrgangslose und Jahrgangschampagner

Jahrgangsloser Champagner ist ein Verschnitt von zwei oder mehreren Weinen, wobei üblicherweise der Grundwein der jüngste Jahrgang ist und die Reserveweine aus zwei oder mehreren früheren Ernten stammen (siehe auch Seite 20 und 76).

Jahrgangschampagner hingegen muss zu 100 % aus der Ernte des Jahres stammen, das auf dem Etikett angegeben ist – und nur bei Jahrgangschampagner angegeben werden darf. Weniger als 5 % aller Champagner sind Jahrgangschampagner, sie werden meist nur in Jahren mit besonders günstigem Klima produziert. Im Schnitt stellen die meisten Champagnerhäuser alle zehn Jahre drei oder vier Jahrgangschampagner her, ohne dass es dabei eine gleichmäßige Verteilung gäbe. Ende der 1980er Jahre gab es drei hochwertige Ernten nacheinander: 1988, 1989 und 1990. Nach einer Pause folgte der klassische 1995er-Jahrgang und gleich darauf der ebenfalls große, vom Stil her jedoch vollkommen andere 1996er-Jahrgang.

Blanc de Blancs

Ein Blanc de Blancs-Champagner wird ausschließlich aus weißen Trauben hergestellt. Zum Großteil ist es Chardonnay, obwohl auch andere Sorten – darunter Pinot Blanc, Arbane und Petit Meslier – verwendet werden. Als junger Wein neigt ein Blanc de Blancs dazu, verschlossen und eher herb zu sein, mit dem Alter aber kann er ein reiches Röstaroma entwickeln.

Einige Blanc de Blancs aus den Grands Crus in der Côte des Blancs wie Avize oder Le Mesnil-sur-Oger altern besonders gut.

Blanc de Noirs

In der Tat: Weißwein aus roten Trauben. Bei Champagner sind dies entweder Pinot Noir oder Pinot Meunier bzw. eine Mischung aus beiden. Auch wenn er oft einen reicheren, volleren Stil hat, sind gute Beispiele nur schwer zu finden, weil nur wenige Häuser ihn herstellen. In der Côte des Bar, wo Pinot Noir häufig angebaut wird, produzieren ihn Drappier und der Winzer Serge Mathieu.

Rosé

Fast alle Rosé-Champagner werden durch das Mischen von weißem Champagner mit 5 bis 20 % Rotwein, der ebenfalls aus der Champagne stammt, hergestellt. Je mehr Rotwein dabei verwendet wird, desto dunkler der Farbton des Rosés. In Europa ist dieses Verfahren nur innerhalb der Appellation Champagne erlaubt. Rosé kann auch durch die Methode der *saignée* gewonnen werden, bei dem das Pigment zum Färben des Weins buchstäblich aus der Haut der roten Trauben ausblutet. Die meisten Rosé-Tafelweine werden so produziert. Diese Methode wird nur von wenigen Herstellern angewandt, da sie schwieriger ist und sich die Farbe weniger gut kontrollieren lässt; Laurent-Perrier ist eines dieser Häuser. Einige kleinere Hersteller kombinieren beide Methoden.

Seit der Jahrtausendwende ist Rosé-Champagner der am schnellsten wachsende Sektor des Champagnermarkts. Und das nicht nur weil er oft weicher und fruchtiger ist. Rosé-Champagner ist teurer als sein weißes Pendant und liegt oft auf einem ähnlichen Preisniveau wie Jahrgangschampagner.

Prestige Cuvée

Die meisten Hersteller haben einen Wein, den sie dieser Kategorie zuordnen; ein absoluter Spitzenchampagner, sehr teuer und meistens in einer besonderen Verpackung. Bei der Herstellung einer Prestige Cuvée bemühen sich die Häuser besonders, den besten, eindrucksvollsten Wein aus ihren Trauben zu gewinnen. Dieser Bereich des Champagnermarktes wird von den großen Häusern bestimmt – Dom Pérignon, Cristal und Krug –, aber auch kleinere Häuser machen Weine von ähnlicher Qualität und Vielschichtigkeit.

Einzellagenchampagner

Die meisten Champagner werden durch das Mischen von Trauben verschiedener Lagen und *terroirs* hergestellt (siehe Seite 20). Doch in den letzten Jahren ist das Interesse an Weinen gewachsen, deren Trauben aus einer Lage stammen. Dies können z. B. *clos* (umfriedete Weinberge) sein. Das augenfälligste Beispiel hierfür ist Philipponnats schwindelerregend steile Südlage Clos des Goisses, im mit 99 % bewerteten Premier Cru Mareuil-sur-Aÿ. In diesen Weinen zeigt sich die optimale Menge an Sonnenstunden, und sie sind ebenso beachtenswert wie die weit berühmteren Einzellagenchampagner Krugs Clos de Mesnil und Clos d'Ambonnay.

Da die Winzer und Kellermeister ihre Lagen immer besser zu nutzen verstehen, aber auch, weil Weine mit einem interessanten Charakter zunehmend erst später gemischt werden, kommen ständig neue Weine aus Einzellagen auf den Markt.

Im Detail

Die Umwandlung von Apfelsäure in Milchsäure

» Malolaktische Gärung

Zwischen der ersten und der zweiten Gärung der Champagnerproduktion, vor der Abfüllung, durchlaufen die meisten Champagner noch einen biochemischen Prozess, bei dem Bakterien die harsche Apfelsäure in weichere Milchsäure umwandeln. Die meisten Hersteller fördern diesen Prozess, indem sie den Wein warm halten oder Milchsäurebakterien beigegeben. Es macht die Weine in jungem Alter milder, ansprechender und lässt sie weniger sauer schmecken.

Doch einige Hersteller, darunter Krug, Lanson, Gosset, Bollinger und Louis Roederer, blockieren die kurz *malo* genannte Gärung, um einen frischeren, säurebetonteren Wein zu erhalten. Diese Aromatik ist besser zu erkennen, wenn sie nicht von Eichenaromen überdeckt wird. Ein gutes Beispiel für den Geschmacksunterschied ist Lansons Black Label Cuvée, bei dessen Herstellung keine Eichenfässer eingesetzt werden.

Assemblage

Ganz gleich ob es ein jahrgangsloser Champagner, Jahrgangschampagner oder eine Prestige Cuvée ist – die Mehrheit ist eine *assemblage*, ein Verschnitt von mehreren Weinlesen (außer bei Jahrgangsweinen), von verschiedenen Rebsorten und aus den Trauben unzähliger Weinberge der Appellation.

Assemblage vs. Einzellage

Wie bei allen edlen europäischen Weinen gelten auch Jahrgangschampagner als die Besten. In den Anfängen wurde Champagner ausschließlich aus den Trauben einer Weinlese gewonnen. Aufgrund der nördlichen Lage der Champagne führte dies jedoch zu großen Qualitätsunterschieden. Die Assemblage ermöglicht es, Unzulänglichkeiten eines Jahres auszugleichen und die Kontinuität von Stil und Qualität zu wahren.

Durch die Assemblage gewinnen Spitzenjahrgänge und Prestige-Champagner mehr Vielschichtigkeit und Finesse. *Cuvée* bezeichnet wiederum die Assemblage eines spezifischen Champagners (ebenso wie den Most der ersten Pressung). Denn die Assemblage bringt einen ausgewogenen, ausdrucksvollen Wein mit mehr Facetten und zusätzlichen Nuancen von Aroma und Geschmack hervor. Kurz: einen besseren, interessanteren Wein.

Viele Champenois sind davon überzeugt, dass ein großer Champagner erst durch das Mischen unterschiedlicher Weine entsteht. So interessant Einzellagen oder Weine aus nur einer Rebsorte sein mögen, sie werden nie das Niveau der größten Assemblages erreichen.

Champagnerherstellung

Die Champagnerherstellung beginnt Mitte September mit der Weinlese (*vendage*). Dabei werden die Trauben von Hand geerntet. Eine mechanische Ernte ist nicht erlaubt, da die Schale vor dem Pressen unbeschädigt bleiben muss. Aus dem gleichen Grund werden die Trauben nach der Lese in flachen Kisten gesammelt und umgehend in die Kelterei gebracht.

Pressung

In der Kelterei werden die Trauben behutsam und so schnell wie möglich gepresst – oftmals in traditionellen Korbpressen; allerdings verwenden immer mehr Hersteller pneumatische Pressen. Pro Pressung werden 4.000 kg Trauben – ein *marc* – in eine Presse gefüllt. Daraus gewinnt man zuerst die *cuvée*, einen reinen Most von höchster Qualität. Einige Hersteller verwenden nur die Cuvée für die Herstellung ihrer Champagner. Sie wird getrennt von der trüberen *taille* aufbewahrt, die wegen des in der zweiten Phase der Pressung steigenden Drucks mehr Schwebstoffe enthält. Die Menge an Most, die aus einem Marc Trauben gewonnen werden darf, ist genau vorgegeben: 2.050 Liter Cuvée und 500 Liter Taille.

Vor der ersten Gärung wird der Most durch die *débourbage* von Schwebstoffen gereinigt: ein Filtervorgang, bei dem schwere Teilchen auf den Boden des Fasses oder Stahltanks hinabsinken, während der klare Saft an der Oberfläche zurückbleibt. Durch das Abkühlen des Mosts kann die Débourbage noch begünstigt werden.

Erste Gärung

Durch die erste Gärung entsteht der Grundwein *(vin clair)*. Der im geklärten Most enthaltene natürliche Zucker wird in Akohol umgewandelt, die dabei enstehende Kohlensäure entweicht. Heute werden für die erste Gärung meistens großen Stahltanks eingesetzt. Einige der berühmten Häuser und eine zunehmende Anzahl kleinerer Hersteller verwenden jedoch Holzfässer, meist aus Eiche.

Am Ende der ersten Gärung verfügt der *chef de cave* (Kellermeister) über eine Auswahl an Grundweinen – bei großen Häusern können es bis zu 200 sein. Einen Teil dieser Weine verwendet er, um die Assemblages für die unterschiedlichen Cuvées des Hauses zu mischen. Der andere Teil wird als Reservewein für die kommenden Jahre zurückbehalten (siehe Seite 76).

Zweite Gärung

Für die zweite Gärung werden die Cuvées in Flaschen abgefüllt. In der Flasche wird die Cuvée mit dem *liqueur de tirage* (Fülldosage), einer Mischung aus Wein, Hefe und Zucker, versetzt und in einem kühlen Keller gelagert. Bei der nun einsetzenden zweiten Gärung entsteht wieder Kohlensäure, welche in der Flasche gefangen bleibt *(prise de mousse)* und später als Bläschen entweicht. Der Wein reift nun auf dem Hefesatz, den abgestorbenen Hefezellen, für mindestens 15 Monate bzw. drei Jahre im Fall von Jahrgangschampagner.

Remuage

Mit der *remuage*, dem Rütteln, bei der der Hefesatz von der Flaschenwand gelöst wird, endet der Gärungsprozess. Traditionell geschah dies von Hand mit einem hölzernen Rüttelpult (*pupitre*) und dauerte rund sechs bis acht Wochen. Heutzutage erledigen oft computergesteuerte Gyropaletten diese Arbeit, indem sie die Flaschen in bestimmten Intervallen rund drei Tage lang drehen und rütteln. Am Ende der Remuage ruhen die Flaschen mit dem Hals nach unten, sodass sich der Hefesatz am Kronverschluss oder Korken sammelt.

Dégorgement

Der Hefesatz am Ende des Flaschenhalses wird durch das *dégorgement* entfernt. Dafür wird der Flaschenhals kurzzeitig eingefroren und der Kronverschluss oder Korken entfernt. Durch den Druck, der sich während der Gärung gebildet hat, schießt ein Pfropfen aus gefrorenem Wein und Hefesatz heraus. (Siehe auch Seite 49 und 71.)

Süßegrade

Nach dem Dégorgement wird die Flasche mit einer zuckerhaltigen Lösung, der Dosage (auch *liqueur d'expédition*), aufgefüllt. Die Menge an zugesetztem Zucker hängt dabei von der Art des gewünschten Champagners ab (siehe Seite 14). Anschließend werden die Flaschen nochmals im Keller zur Ruhe gelegt, sodass sich die Dosage mit dem Wein vermählen kann. Idealerweise lagern die Flaschen dort mindestens einige Monate, bevor sie in den Verkauf gehen.

Die Champagnerindustrie

Die Champagnerindustrie ist eine komplexe Konstellation verschiedener Produzenten. Unterteilt werden sie in folgende Gruppen: große Champagnerhäuser (*négociant-manipulants*, NM), kleine Champagnerhäuser und Winzerbetriebe (*récoltant-manipulants*, RM) sowie Genossenschaften (*coopérative-manipulants*, CM). Die Initialen NM, RM und CM stehen auf dem Etikett aller Champagner und geben an, welche der Gruppen diese bestimmte Flasche hergestellt hat.

Große Champagnerhäuser

Es gibt 293 Négociant-Häuser, von denen die größten etwa ein Dutzend der bedeutendsten Marken besitzen, die weltweit den Umsatz dominieren. Zu ihnen gehören auch die bekanntesten wie Moët & Chandon, Veuve Clicquot, Laurent-Perrier, GH Mumm, Piper Heidsieck, Taittinger, Lanson und Bollinger.

Obwohl die großen Häuser den Champagnermarkt insbesondere außerhalb Frankreichs dominieren, gehört ihnen lediglich ein Zehntel aller Weinberge. Der Großteil der Trauben stammt von Winzern, die rund 90 % der derzeit 33.077 Hektar großen, aktiv genutzten Rebfläche bewirtschaften. Deutlich wird das am Beispiel des größten Herstellers der Champagne: Die Unternehmensgruppe Louis Vuitton Moët Hennessy (LVMH) – zu der Moët & Chandon, Dom Pérignon, Mercier, Ruinart, Veuve Clicquot Ponsardin und Krug gehören – besitzt mit 1.684 Hektar die größte Anbaufläche aller Häuser. Jedoch wächst dort weniger als ein Drittel der Trauben, die die Gruppe benötigt, um die jährlich mehr als 55 Millionen verkauften Flaschen ihrer sechs Markenchampagner zu produzieren. Für die restlichen zwei Drittel kauft sie die Ernte von weiteren rund 4.000 Hektar aus der ganzen Appellation hinzu. Champagnerhäuser wie Louis Roederer und Bollinger, die beide ausreichend eigene Weinberge besitzen, um zwei Drittel ihres Bedarfs an Trauben zu decken, sind eine Seltenheit.

Champagnerwinzer und Genossenschaften

Von den derzeit 15.628 kleinen Champagnerhäusern und Winzerbetrieben verkaufen mehr als zwei Drittel ihre Trauben an die großen Champagnerhäuser. Nur etwa 2.000 produzieren und verkaufen Wein unter ihrem eigenen Namen.

Viele Winzer haben sich zusammengeschlossen und lokale Genossenschaften gegründet, die zentral das Pressen der Trauben, Abfüllen sowie Marketing und Verkauf der Weine übernehmen. Häufig verkaufen die Genossenschaften auch Trauben und Wein im Namen ihrer Mitglieder an die großen Häuser. Von den 137 Genossenschaften bieten lediglich 66 selbst fertigen Wein zum Verkauf an und nur 32 exportieren ihre Erzeugnisse. Einige davon produzieren jedoch sehr hochwertigen Champagner.

Eine Reihe kleinerer Genossenschaften hat sich zu Genossenschaftsvereinigungen zusammengeschlossen. Die beiden größten haben mit ihren Marken Nicolas Feuillatte und Jacquart inzwischen ein bedeutendes Absatzvolumen. So zählt Nicolas Feuillatte seit Kurzem zu den fünf meistverkauften Champagnern.

Flaschengrößen

Champagner gibt es in Flaschengrößen bis zur unglaublichen 50-Liter-Murgatroyd. In der Regel wird er in den unten dargestellten Größen angeboten, Imperial und Magnum sind die gängigsten. Größere Flaschen sind selten und meist für Marketingzwecke, besondere Anlässe oder erstklassige Cuvées. Sie werden von nur wenigen Herstellern angeboten, so etwa die 27-Liter-Primat ausschließlich von Drappier.

Champagner verkosten

Wenn Sie Champagner verkosten und analysieren möchten, werden Sie die Flasche etwas weniger kühlen, als wenn Sie ihn einfach zum Genuss trinken. Zu sehr gekühlt, können sich die Aromen nicht richtig entfalten. Bei einer Kellertemperatur von etwa 10–12 °C kommen sie besser zur Geltung, auch wenn sich bei 7–8 °C die *mousse* (der Strom der feinen Bläschen, die sanft an die Oberfläche schweben) langsamer freisetzt. Füllen Sie das Glas nicht ganz bis zur Hälfte, zu einem Drittel ist ideal. So geben Sie den Aromen genügend Raum zur Entfaltung und können die Aromen und die Mousse beurteilen.

Beachten Sie die Farbe

Die Farbe eines Weines verrät bereits eine Menge. Sie kann variieren vom blassen stroh- oder zitronengelb von jungen Weinen bis hin zum dunklen Gold reifer Weine. Fast farblos zeigt sich ein junger oder ein Blanc de Blancs-Champagner. Ein leichter Ton Hellgelb deutet auf höheres Alter oder einen reiferen Jahrgang hin. Verschnitte mit einem höheren Pinot Noir-Anteil sind tendenziell dunkler, und ein Blanc de Noirs kann einen Hauch von Rosé zeigen. Ein ausgereifter Jahrgangschampagner, der zehn Jahre oder länger gelagert wurde, wird bernsteinfarben. Rosé-Champagner reichen von einem sehr leichten Farbhauch – manchmal auch Rebhuhn-Auge genannt – bis hin zu Opal, Kupfer oder einem hellen Rubinrot, das mit einem Glas Beaujolais verwechselt werden kann.

Perlen

Es wird oft gesagt, dass ein steter Strom von feinen, kleinen Bläschen ein Zeichen für die Qualität eines Champagners sei. Doch Geschwindigkeit, Ausdauer und Größe der Perlen werden eher durch das verwendete Glas und seine Sauberkeit beeinflusst, als dass sie ein Zeichen von Qualität sind. Sie können die Mousse jedoch einigermaßen durch Verkostung beurteilen: Je kleiner die Perlen, desto sanfter fühlt sich die Mousse im Mund an. Ganz kleine Bläschen sorgen für eine cremige, seidige Textur auf der Oberfläche.

Aromen

Die Aromen des Champagners in verschiedene Gruppen zu unterteilen, hilft bei der Analyse und Zuordnung:

Florale Aromen: Lindenblüten, Veilchen, Orangenblüte, Weißdorn.

Fruchtige Aromen: Zitrusfrüchte wie Zitrone, Grapefruit, Limette, Orange; gelbe Früchte wie Pfirsich, Aprikose, Nektarine und Quitte; exotische Früchte wie Mango, Banane, Kokosnuss und Litschi; rote oder schwarze Früchte wie Himbeere, Erdbeere, Johannisbeere und Pflaume.

Pflanzliche Aromen: frische Mandeln, gemähtes Gras, Trüffel, Pilze.

Aromen getrockneter Früchte: Haselnüsse, Rosinen, getrocknete Feigen.

Aromen von Genussmitteln: Brioche, Vanille, Butter, Toast, Noten von Biskuit, Honig, Lebkuchen, kandierte Früchte, Mokka, weiße Schokolade, Rauch, Gewürze wie Zimt, Noten von Fäulnis und Gedörrtem.

Auch wenn die drei Hauptrebsorten einer Cuvée generell bestimmte, typische Aromen verleihen, so

Weise Worte

Simon Field,
Champagnereinkäufer,
Berry Bros & Rudd, London

» Starke Größen

Champagner gibt es in einer verwirrenden Vielfalt von Flaschen, von der etwas trivialen Quart bis zur Nebukadnezar und darüber hinaus. Eine Melchisedech beispielsweise fasst 30 Liter. Abgesehen davon, dass die Flasche unpraktisch ist – wenn man nicht gerade einen Kran zur Hand hat –, wird der Champagner auch immer von geringer Qualität sein. Denn bei dieser Flaschengröße muss er nach dem Lagern aus einer Reihe von kleineren Flaschen dekantiert werden und verliert dabei seine Frische und Spritzigkeit. Dieses auch als *transvasage* bekannte Verfahren wird bei allen Flaschen angewandt, die größer als Jeroboam (drei Liter) sind.

Eine Magnum hingegen lässt den Champagner in Würde altern, sodass er die so wichtige Spannung zwischen Säure, Zucker, Frucht und Spritzigkeit halten kann. Man sagt, alles hänge vom Grad der Oxidation und der relativen Oberfläche der Flüssigkeit an der Luft ab. Für mich aber ist es allein eine Frage des Geschmacks.

sollten Sie doch daran denken, dass es immer wieder Ausnahmen von diesen Regeln gibt.

Gaumen

Unser Geruchssinn ist unendlich viel stärker entwickelt als unser Geschmackssinn. Der Mensch kann vier Geschmacksrichtungen unterscheiden: salzig, süß, sauer und bitter. Einige würden *umami* (fleischig und herzhaft, wohlschmeckend) hinzufügen, das experimentelle Köche wie Heston Blumenthal lange fasziniert hat und auch von einigen der Spitzenwinzer der Champagne gebraucht wird, einschließlich des Kellermeisters von Dom Pérignon, Richard Geoffroy.

Wenn Sie Champagner verkosten, erwartet Sie eine erste Attacke; etwas Knackiges, eine Frische und Pfiff, Ausgeglichenheit von Frucht und Säure sowie ein Mundgefühl, das teilweise von der Mousse und der Spritzigkeit des Weins herrührt. Achten Sie danach auf die Struktur und Intensität: Ist sie leicht, delikat, ätherisch oder vielleicht reich, vollmundig und strukturiert? Ist sie ausgewogen, rund, weich und harmonisch? Ist die Textur, das Mundgefühl, am Gaumen cremig und seidig oder kantig, scharf oder sogar aggressiv? Was ist mit der Reife, hat sie diese hefig-brotige Note feiner Champagner im Alter, gibt es eine Spur von Eiche oder langsamer Oxidation? Weist er eine Reihe dieser Merkmale und zudem eine attraktive Vielschichtigkeit bei Geschmack und Aroma sowie schließlich einen langen Abgang auf? Wenn das so ist, dann haben Sie einen Spitzenchampagner im Glas.

» Internationale Marken

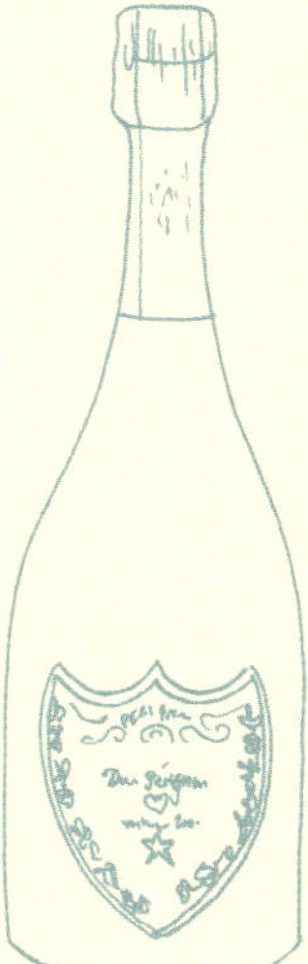

Die größten Exporteure

Derzeit gibt es 297 Négociant-Häuser in der Champagne. 232 dieser Häuser exportierten im Jahr 2009 ein Volumen, das rund 87 % aller Champagnerexporte ausmachte. Allein die drei größten Marken – Moët & Chandon, Veuve Clicquot und GH Mumm – hatten einen Anteil von einem Drittel an den gesamten Ausfuhren.

Diese großen Häuser haben ihre Kellereien fast alle in Reims oder Épernay, obwohl der Standort kaum Einfluss auf den Stil ihrer Weine hat, da sie die Trauben von Winzern aus der ganzen Champagne kaufen.

Reims

Ruinart

4 Rue des Crayères, Reims

Tel: +33 3 26 77 51 51, www.ruinart.com

Ruinart wurde im Jahr 1729 von Nicolas Ruinart gegründet und ist das älteste Haus, das heute noch produziert. Obwohl es Teil der LVMH-Gruppe ist, sind die Weine außerhalb Frankreichs relativ unbekannt. In Frankreich ist das Haus besonders für seine Blanc de Blancs' berühmt, die ihren Höhepunkt im Jahrgangs-Prestige Cuvée Dom Ruinart erreichen. Sein Rosé-Gegenstück – Dom Ruinart Rosé – ist die teuerste und exklusivste Linie im aktuellen Angebot. Die Dom Ruinart-Weine werden noch besser, wenn man sie nach der Ausgabe etwas altern lässt. Es sind Weine, die vor allem zu Speisen wie weißem Fleisch, Kalb und Geflügel passen.

» **Dom Ruinart Blanc de Blancs 1998**
Anders als bei den meisten großen Chardonnay-Champagnern stammen die Trauben für diesen nicht allein aus Grands Crus in der Côte des Blancs. Ein Drittel kommt aus Sillery, Puisieux, Verzenay und Mailly in der Montagne de Reims. Blassgolden, mit ausgereiften Aromen von Brioche und Brot, wirkt dieser Wein reich, reif und fordernd, wie die meisten Jahrgangs-Cuvées aus der warmen 1998er-Lese. Doch seinen Höhepunkt hat er noch vor sich.

» **Dom Ruinart Rosé 1996**
Der satt kupferfarbene Dom Ruinart Rosé wird etwa ein Jahr später als die Weißweine seines Jahrgangs ausgegeben, trotzdem ist er noch außerordentlich jugendlich. Ein von Chardonnay bestimmter Wein ohne schwarze Trauben im Verschnitt, dem lediglich 15 bis 20 % Rotwein aus dem Grand Cru Pinot Noir Bouzy Rouge beigegeben wurden.

Lanson

66 Rue de Courlancy, Reims

Tel: +33 3 26 78 50 50, www.lanson.com

Das berühmte Haus, das gerade sein 250-jähriges Bestehen feierte, wird seinem exklusiven Ruf seit der Übernahme der Boizel Chanoine Champagne Group im Jahr 2006 wieder gerecht. Nachdem die Marke in den frühen Neunzigern ohne Weinberge verkauft worden war, durchlief Lanson eine schwierige Phase. Mit dem 1998er- und vor allem dem 1999er-Jahrgangschampagner Gold Label, der immer die Stärke des Hauses war, ist Lanson zu beeindruckender Form zurückgekehrt.

» **Lanson Gold Label 1999**
Der Gold Label Brut 1999 ist ein hervorragender Jahrgang, der rund ein Jahrzehnt in Würde reifen konnte und nun eine leichte Note von Biskuit und dezente Intensität entwickelt hat.

» **Lanson Noble Cuvée Brut 1998**
Neben dem Noble Cuvée Blanc de Blancs und Brut Rosé ist dies der originale Prestige-Stil. Diese elegant-ausgewogene Cuvée aus 70 : 30 Chardonnay : Pinot Noir ist weniger bekannt und hat daher einen guten Preis. Frisch und lebendig, mit sorbethaftem Prickeln sowie einer sich entwickelnden cremigen Textur, hat sie eine noch lange Zukunft vor sich.

Veuve Clicquot Ponsardin

1 Place des Droits de l'Homme, Reims

Tel: +33 3 26 89 53 90, www.veuve-clicquot.com

Ohne Zweifel ist Veuve Clicquot das erfolgreichste Haus der Gegenwart. Der Kultstatus, wie ihn zum Beispiel die Yellow Label Cuvée erreicht hat, hat jedoch auch eine Schattenseite: die sprunghafte Zunahme der produzierten Menge. Bei mehr als 15 Millionen Flaschen Yellow Label pro Jahr ist eine durchgängig hohe Qualität nur schwer zu halten. Den für das Haus berühmten vollmundigen, von Pinot Noir bestimmten Stil schmeckt man deshalb vor allem in den feinen, gut alternden Jahrgängen, die in den letzten Jahrzehnten ausgegeben wurden.

Weise Worte

Didier Mariotti, Chef de Cave,
GH Mumm, Reims

» Die richtige Temperatur

Champagner ist – auch wenn er perlt – vor allem ein Wein. Meiner Meinung nach wird Champagner stets zu kalt serviert, was – genau wie bei weißem Tafelwein – die Frische betont. Wie bei allen Weinen müssen wir die richtige Temperatur passend zum Verschnitt wählen. Das Gleiche gilt für das beste Glas – denn auch einen Burgunder würden wir ja nicht im gleichen Glas servieren wie einen roten Bordeaux.

Bei einer Prestige Cuvée R Lalou etwa, die zu gleichen Teilen aus Chardonnay und Pinot Noir besteht, hängt es davon ab, welche Seite Sie betonen möchten. Ich wähle die Seite abhängig davon, wie meine Stimmung ist, wann ich die Cuvée trinke und zu welchem Anlass – ob als Aperitif oder zu einem bestimmten Essen. Kühl serviert (8 bis 10 °C), wird der Chardonnay hervorgehoben; bei 14 °C wird der Pinot Noir in den Vordergrund treten.

» **Veuve Clicquot Brut Vintage Réserve 2002**

Dieser im September 2007 ausgegebene Wein hat sich sehr positiv entwickelt. Mit 60 % Pinot Noir, 7 % Pinot Meunier sowie 33 % Chardonnay ist der Verschnitt von schwarzen Trauben dominiert. Der Wein hat ein reiches, vollmundiges Bukett und verbindet Biskuitnoten mit cremiger Textur und angenehmem Mundgefühl. In den kommenden zehn Jahren wird er eine noch größere Vielfalt entwickeln.

» **Veuve Clicquot Cave Privée Rosé 1989**

Le Snob TIPP

Von diesem blasskupfer bis hellroten 1989er-Rosé aus einer wenig säurehaltigen Ernte nahmen viele an, er könne sich nicht lang halten. Und doch ist er erstaunlich frisch geblieben. Zu Beginn zeigt er Noten von geröstetem Kaffee, Mokka und Erdbeere, später einen fruchtigen, pikanten Gaumen und einen langen Abgang.

» **Veuve Clicquot La Grande Dame 1998**

Der luxuriöse La Grande Dame ist weniger weinartig und eleganter als der kräftige Brut Vintage Réserve. Denn dieser Blanc de Blancs-Jahrgangschampagner ist ein reiner Grands Crus-Verschnitt mit einem großen Anteil (rund 40 %) Chardonnay.

Louis Roederer

21 Boulevard Lundy, Reims

Tel: +33 3 26 40 42 11
www.champagne-roederer.com

Eines der berühmtesten Häuser der Champagne, und noch immer im Besitz der Familie Rouzaud. Roederer-Champagner sind vor allem für ihre Eleganz und

Finesse berühmt. Die Qualität beruht teilweise auf den hoch bewerteten 218 Hektar Rebfläche. Ein Großteil davon liegt in den besten Grands Crus und liefert etwa zwei Drittel der benötigten Trauben.

» **Louis Roederer Brut Premier NV**

Dies ist eine besonders feine Cuvée. Sie basiert auf Reserveweinen aus drei Ernten, die drei bis fünf Jahre in Eichenfässern gealtert sind. Ihr Stil ist elegant, komplex mit Finesse und Struktur. Bevor sie in den Verkauf geht, ist sie 40 Monate gereift – dennoch kann sie, wie andere Cuvées dieses Formats, noch einige Jahre länger im Keller gelagert werden.

» **Louis Roederer Cristal 2002**

Le Snob TIPP

1876 exklusiv für Zar Alexander II. produziert, ist die Prestige Cuvée Cristal in ihrer klaren, in goldenes Zellophan eingewickelten Flasche einer der Champagner, die den Luxussektor definieren. Dieser wohl begehrteste Champagner der Appellation ist ein feiner, vielschichtiger Wein, bei dem die Balance im Vordergrund steht: Die Kraft und Intensität der sich ausgleichenden Aromen, des Mundgefühls und der feinen Säuren werden von einer verführerisch seidigen Textur ummantelt. Bereits bei seiner Ausgabe ansprechend,

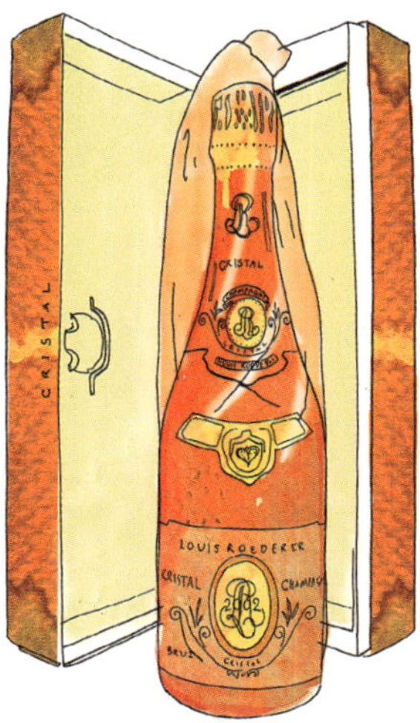

entwickelt er bei guter Lagerung über die Jahre eine vielschichtige Komplexität.

» **Louis Roederer Blanc de Blancs Vintage 2004**
Halb so teuer wie der Cristal, aber ebenfalls von Topqualität ist dieser sehr helle Wein. Zunächst intensiv, überraschend frisch und ehrlich, entwickelt er sich zu einem der köstlichsten Weine im Sortiment.

GH Mumm

29 Rue du Champ de Mars, Reims

Tel: + 33 3 26 49 59 69, www.mumm.com

Nach einer schwierigen Phase und mehreren Besitzerwechseln konnte sich GH Mumm unter der Leitung von Pernod Ricard kontinuierlich verbessern. Diesen von Chef de Cave Dominique Demarville (inzwischen bei Veuve Clicquot) begonnenen Weg setzt sein Nachfolger Didier Mariotti fort.

EINZIGARTIG » EXKLUSIV » ULTIMATIV **Snob**

Limitierte Editionen Louis Roederer hat seinen hochgelobten 2002er-Jahrgangschampagner Cristal in begrenzter Anzahl als Methusalem ausgegeben. Sollten Sie so eine Flasche finden, kann diese gut 12.000 Euro kosten. Bisher hatte Roederer seinen Cristal nur einmal in dieser Größe abgefüllt. Diese Flaschen des besonderen 1990er-Jahrgangs wurden 1999 passend zum Millennium auf den Markt gebracht und erzielen heute Preise um die 40.000 Euro.

» **Mumm de Cramant**

Diese blasse, zarte, frische Chardonnay-Cuvée wird mit niedrigerem Druck im Crémant-Stil hergestellt (siehe Seite 95; früher Crémant de Cramant genannt), was ihm ein weicheres Mundgefühl verleiht. Aufgrund der Zusammenstellung der Basisweine ist er eigentlich ein Jahrgangschampagner. Doch da er als junger, knackiger Wein getrunken werden soll, reift er vor Ausgabe nicht die für Jahrgangschampagner gesetzlich vorgeschriebenen drei Jahre.

» **R Lalou 1998**

Mumms Prestige Cuvée René Lalou wurde Ende der 1980er Jahre eingestellt. Sein Nachfolger R Lalou, erstmals aus dem 1998er-Jahrgang gewonnen und 2007 ausgegeben, basiert auf der Ernte derselben hauseigenen Weinberge. Elegant, mit anfänglichem Schwerpunkt auf Zitrusfrüchten, trägt er die Frische der Nordhänge von Verzy und Verzenay in sich und hat damit das Potenzial, gut zu altern. Der ausgezeichnete 1999er-Jahrgang wurde im Frühjahr 2011 ausgegeben.

Charles Heidsieck

12 Allée du Vignoble, Reims

Tel: +33 3 26 84 43 50, www.charlesheidsieck.com

In der Champagne gibt es drei Häuser mit dem Namen Heidsieck. Doch nur Charles Heidsieck, das jüngste Haus unter ihnen, macht Champagner, die allesamt von wirklich guter Qualität sind. Gegründet von Charles-Camille Heidsieck, wurde das Haus 1985 von der heutigen Rémy-Cointreau-Gruppe gekauft. Sie behielten Chef de Cave Daniel Thibault – den viele für den besten seiner Generation halten – mit dem Auftrag, den Brut Réserve zu einer Spitzen-Cuvée zu machen. Diese und andere Weine des Hauses wurden seitdem vielfach ausgezeichnet. Ein preisgekrönter Trend, den Thibaults Nachfolger Régis Camus fortführt.

» **Charles Heidsieck Brut Réserve NV**

Le Snob TIPP Das Erfolgsgeheimnis dieser Thibault-Kreation ist einerseits die große Menge hochwertiger Reserveweine (bis zu 40 % – andere Häuser nehmen höchstens die Hälfte) und andererseits die lange Zeit, die ihr für die Reifung gegeben wird. Die aktuell auf den Markt gebrachte 2005er-Cuvée enthält rund 40 % zwei bis zehn Jahre alter Reserveweine. Sie hat Noten von frisch gebackenem Brot und reifem Pfirsich sowie eine sorbetartige Frische. Die Textur am Gaumen ist intensiv-cremig und der Abgang lang.

» **Charles Heidsieck Blanc des Millénaires 1995**

Dieser magische 1995er-Jahrgangschampagner, ausschließlich aus Côte des Blancs-Chardonnay, ist gerade auf dem Höhepunkt seiner Reife. In der Nase ist er voll und opulent, mit Noten von Marzipan, Haselnuss und weißer Schokolade, und am Gaumen reich, cremig und seidig.

» **Charles Heidsieck Brut Vintage 2000**

Dieser Wein wird nur in den besten Jahren hergestellt. Die erste Cuvée kam 2007 auf den Markt. Bereits da ließen ihre schöne Balance und reiche Textur großes Potenzial erahnen. Nachdem sie sich nun öffnen konnte, hat sie die Farbe polierten

Goldes und eine milde Textur am Gaumen. Noten von Vanille und Mokka beginnen sich langsam zu entwickeln.

» **Charles Heidsieck Brut Rosé NV**
Die erste Cuvée dieses Weines wurde Ende 2008 ausgegeben. Ein weicher, herrlich fruchtiger, wunderbar ausbalancierter Champagner mit cremiger Struktur. Er ist ein würdiger Partner von Charles Heidsiecks Brut Réserve, der seit 15 Jahren eine der besten Cuvées auf dem Markt ist.

Taittinger

9 Place Saint-Nicaise, Reims

Tel: +33 3 26 85 45 35, www.taittinger.com

Pierre-Emmanuel Taittinger leitet das berühmte, 1931 gegründete Haus. Seine 228 Hektar Rebfläche – Beteiligungen an sechs Grands Crus-Lagen in der Côte des Blancs inklusive – decken einen wichtigen Teil des Traubenbedarfs. Chardonnay spielt eine große Rolle im Sortiment, dessen Höhepunkt die Prestige Cuvée Comtes de Champagne Blanc de Blancs darstellt.

» **Comtes de Champagne Blanc de Blancs 1998**

Le Snob TIPP

Diese in reiferen Jahren besonders gute, reine Chardonnay-Cuvée braucht mehr als ein Jahrzehnt, um ihren Charakter und üppigen Gaumen auszubilden. Klassisch, bereits jetzt mit einer attraktiven Biskuitnote und seidigen Textur, wird sie mit der Zeit sogar noch besser werden.

» **Prélude Grands Crus NV**

Eine preisgekrönte Cuvée aus 50 % Chardonnay von top bewerteten Weinbergen in Avize und Le Mesnil-sur-Oger sowie 50 % Pinot Noir aus Bouzy und Ambonnay, die mit Zeit zum Altern eine reiche, weiche Fülle und einen langen Abgang entwickelt.

Épernay

Moët & Chandon

20 Avenue de Champagne, Épernay

Tel: +33 3 26 51 20 20, www.moet.com

Obwohl Moët Brut Impérial der weltweit meistverkaufte Champagner ist und in großen Mengen – 30 Millionen Flaschen pro Jahr – hergestellt wird, ist die Qualität beeindruckend konstant und scheint in der Magnum-Flasche noch zuzunehmen. Moëts Jahrgangsweine (Grand Vintage genannt) sind noch einmal deutlich besser, und in besonderen Jahren – wie 1988, 1990 und 1995 – sind sie wahre Schnäppchen.

» **Moët & Chandon Grand Vintage Brut 2002**

Aus einem Jahrgang stammend, der als bester seines Jahrzehnts gilt, hat Moët diesen Wein erst nach der 2003er-Abfüllung ausgegeben und plant laut Chef de Cave Benoît Gouez nun, alle Jahrgangschampagner sieben statt wie bisher fünf Jahre in den Kellern altern zu lassen. Der Grand Vintage Brut 2002 enthält 51 % Chardonnay, 26 % Pinot Noir und 23 % Pinot Meunier. Im Mund zeigt er zunächst reife Steinfruchtaromen mit Noten von frischem Brioche. Seine fein-harmonische Säure verspricht eine lange Zukunft und hat einiges Entwicklungspotenzial hin zu mehr Finesse.

Dom Pérignon

www.domperignon.com

Im Besitz von Moët – jedoch mit anderem Team, das Chef de Cave Richard Geoffroy seit 1990 leitet – sind die Dom Pérignon-Weine die Prestige Cuvée-Champagner des Hauses. In der Regel werden die Jahrgangsweine das erste Mal sieben Jahre nach der Ernte ausgegeben. Doch ist es ein leider allzu häufig gemachter Fehler, sie gleich zu trinken. Denn so verpassen Sie den eigentlichen Charakter des Weins, der viele seiner Aromen und Finessen erst mit den Jahren entwickelt. Versuchen Sie, ihm weitere drei oder vier Jahre Zeit zu geben. Moët selber gibt den Wein noch zwei weitere Male – nach zwölf und mindestens 20 Jahren – unter dem Label Oenothèque Collection aus; was Richard Geoffroy gern als die zweite und dritte „Vollkommenheit“ bezeichnet.

» **Dom Pérignon 2000**

Chef de Cave Richard Geoffroy beschreibt ihn als einen „paradoxen Jahrgang: frisch, aber reif, herb, aber verführerisch“. Für sich allein erscheint er opulent und eignet sich gut als Aperitif; sobald man ihn aber zum Essen genießt, tritt die verborgene Säure in den Vordergrund, dank der ihm ein langes Leben gegönnt sein wird.

» Alterungsstadien

Guter Champagner, besonders Jahrgangschampagner, entwickelt mit zunehmendem Alter verschiedene Aromen, die von lebhaft, frisch und fruchtig bis hin zu den sogenannten tertiären Noten von Schokolade, Pilz und Leder reichen.

Der Chef de Cave bei Dom Pérignon, Richard Geoffroy, gibt seine Weine zu den drei optimalen Zeitpunkten aus: nach sieben Jahren Reife, nach 12 bis 15 Jahren oder nach 20 Jahren. Die Aromen verändern sich in Abhängigkeit von der Zeit ganz erheblich. Sind es am Anfang Noten von frischem Brioche, Zitrusfrüchten, süßen Gewürzen und gelegentlich auch Honig, treten später die klassischen Charakteristika des Alters stärker in den Vordergrund: Toast, Haselnuss, Biskuit, Getreide, Schokolade und Gewürze. Nach mehr als 20 Jahren erreicht die geschmackliche Vielfalt eine neue Dimension. Sie wird exotischer und faszinierender, jenseits des klassischen Wegs, hin zu ungewöhnlichen, fast schon parfümartigen Empfindungen: Sandelholz, Moschus, neues Leder, eine Mischung aus orientalischen Gewürzen, hellem Tabak und weißem Trüffel.

» **Dom Pérignon Oenothèque 1995**
Oenothèque 1995 und 1975 sind ein eindrucksvolles Paar. Der Erste, im Februar 2007 degorgiert, ist reich und üppig, wird sich jedoch noch weiter öffnen. Er hat leichte Noten von reifer Mango, einen cremigen, vanilligen Gaumen und reichlich Frische für seine Balance.

» **Dom Pérignon Oenothèque 1975**
Der 1975er hat alles in allem eine wohlriechende, honigsüße, blumige Nase und eine fleischige, pikante Intensität. Er ist nicht groß und kräftig, sondern eher

EINZIGARTIG » EXKLUSIV » ULTIMATIV **Snob**

Maß-Cuvées Im Sommer 2008 gab Perrier-Jouët den Belle Epoque Blanc de Blancs 2000 „von und für" aus, von dem eine Kiste mit zwölf Flaschen rund 40.000 Euro kostete. Das Angebot war auf 100 dieser maßgeschneiderten Cuvées beschränkt und wurde nur Kunden in Großbritannien, Japan, China, Russland, Frankreich, den USA und der Schweiz angeboten. Im Paket inbegriffen war ein Treffen mit Chef de Cave Hervé Deschamps in Perrier-Jouëts' Maison Belle Epoque, um die Cuvée an den persönlichen Geschmack anzupassen. Nach einer Verkostung der verschiedenen Optionen wurde beispielsweise die Versand-Dosage definiert. Diese wird den Flaschen nach dem Dégorgement und vor dem Verkorken beifügt.

subtil und komplex. An ihm lässt sich ganz offensichtlich erkennen, was man verpasst, wenn man den 2000er zu früh trinkt.

Perrier-Jouët

28 Avenue de Champagne, Épernay

Tel: +33 3 26 53 38 00, www.perrier-jouet.com

Perrier-Jouët ist vor allem für das von Emile Gallé entworfene Jugendstil-Blumenmotiv bekannt. Es schmückt das Etikett der Prestige Cuvée Belle Epoque, deren Flasche dadurch zu den wohl markantesten überhaupt gehört. Bei der Qualität der Jahrgangsweine und des Blason Rosés, allesamt gute Käufe, wird Perrier-Jouët immer beständiger, während der Belle Epoque bereits seit Mitte der Neunziger eine durchweg gute Figur abgibt.

» **Perrier-Jouët Belle Epoque Brut 2002**
Bei der Vorstellung der Cuvée aus dem Spitzenjahrgang 2002 waren alle überrascht, wie üppig, frühreif und verführerisch sie daherkam. Manche bezweifelten ihr Durchhaltevermögen, obwohl reife Jahrgänge wie der 1976er und der 1989er oft bemerkenswert langlebig sind. Die älteren Belle Epoque-Jahrgänge wie 1998, 1996 und 1995 zeigen als Magnum und Jeroboam eine reizvolle Vielschichtigkeit.

» **Perrier-Jouët Blason Rosé NV**
Dieser üppig fruchtige, elegante Rosé ist wenig bekannt, oft aber reizvoller als der Belle Epoque Rosé. Es ist voller erstklassiger roter Trauben, hat einen sehr weichen, cremigen Gaumen, aber auch ausreichend Säure, sodass er frisch bleibt.

Pol Roger

1 rue Henri Lelarge, Épernay

Tel: +33 3 26 59 58 00, www.polroger.com

Pol Roger war Winston Churchills Lieblingschampagner. Die Stärke des Hauses waren immer schon seine ausgezeichnet langlebigen Jahrgangsweine. Seitdem es in den letzten zehn Jahren in bessere Produktionsanlagen investiert, Krugs ehemaligen Chef de Cave Dominique Petit eingestellt und Zugang zu mehr qualitativ hochwertigen Grand Cru-Trauben erhalten hat, sind alle Weine von durchweg guter Qualität.

» **Pol Roger Brut Réserve**
Ein weicher und körperreicher Verschnitt von Chardonnay, Pinot Noir und Meunier. Vor Ausgabe altert er lange auf der Hefe (siehe Seite 44) und entwickelt reiche, reife, hefige Aromen.

» **Pol Roger Brut Vintage 2000**
Pol Roger ist bekannt für seine besonders guten Jahrgangsweine. Dieser üppige und volle Stil, wie immer 60 zu 40 Verschnitt von Pinot Noir und Chardonnay, hat wohlriechende Fruchtaromen, ist reich am Gaumen und dennoch feinkörnig mit schöner Konzentration. Vor dem langen Abgang zeigen sich zudem ein Hauch von Gewürzen und eine reizvolle Biskuitnote.

» **Pol Roger Blanc de Chardonnay 1999**
Ein hervorragender, reiner Chardonnay-Champagner, der sehr lagerfähig ist und auch neben herzhaftem Essen besteht. Auch als Magnum ist er unglaublich frisch, mit einer gehobenen Grapefruitsäure und einer sich entwickelnden cremigen Textur. Diesem Champagner sollte man noch zwei bis drei Jahre geben.

» **Pol Roger Cuvée Sir Winston Churchill 1998**
Le Snob TIPP Die Familie hält sich bedeckt, was die genaue Zusammensetzung dieser berühmten Cuvée anbelangt. Sie hat angenehme Noten von Gebäck, gerösteten Mandeln, reifem Steinobst und eine saftig-fleischige Textur, abgepuffert durch feine Säure. Ein großer, vollmundiger, reicher Wein.

Récemment dégorgé (RD)

Lily Bollinger entwickelte das RD-Verfahren, um die außergewöhnlichen Fähigkeiten von Bollingers 1952er-Jahrgangsweinen zu zeigen, die 1961 ausgegeben wurden. Bollinger RD basiert auf dem Grande Année, wird jedoch länger auf seinem Hefesatz gelagert, damit sich die Aromen entfalten können. Beim Degorgieren bekommt er eine leichte Dosage mit einem Zuckergehalt von 3-4 g/l und wird dann nach nur drei Monaten ausgegeben. So können diejenigen, die einen frischeren Stil bevorzugen, ihn bald nach dem Degorgieren trinken. RD ist eine von Bollinger geschützte Marke. Andere Häuser verwenden Begriffe wie *dégorgement tardive* (spät degorgiert).

Andere Regionen

Bollinger

16 Rue Jules Lobet, 51160 Aÿ

Tel: +33 3 26 53 33 66
www.champagne-bollinger.com

Dieses sehr traditionelle, familiengeführte Haus im Grand Cru-Dorf Aÿ besitzt 163 Hektar Rebfläche, die zwei Drittel der für die Produktion benötigten Trauben liefern. Seine hohen Produktionsstandards veröffentlichte Bollinger 1992 in der hauseigenen Charta für Ethik und Qualität. Die strengen Regeln wurden zu einem Maßstab für die gesamte Region. Alle Bollinger-Weine entwickeln mit zunehmendem Alter Reichtum und Komplexität, besonders die Jahrgangsweine.

» **Bollinger Special Cuvée**
Auf dem Höhepunkt hat diese Cuvée einen wuchtigen, komplexen, reichen Stil mit langem Abgang – zeigt aber auch zunehmende Eleganz und Kraft. Im Hinblick auf Beständigkeit und Qualität ist sie eine der fünf besten Cuvées ohne Jahrgang. Die aktuell Ausgegebene enthält 45 % 2006er, 45 % 2005er und 10 % ältere Weine, von denen einige 15 bis 20 Jahre alt sind.

» **Bollinger La Grande Année Rosé 1999**
Einen noch besser ausgewogenen Jahrgangs-Rosé mit Himbeernote, cremiger Textur, Charme und Eleganz zu finden ist schwer. Während der ebenfalls erstklassige 2002er noch etwas geradlinig ist und ein paar Jahre mehr braucht, wird der 1999er von nun an für einige Jahre einen großen Trinkgenuss bereiten.

Weise Worte

Roger Jones, Eigentümer,
The Harrow, Wiltshire

» Champagner altern lassen

Ich bin immer darauf erpicht, auch jahrgangslose Champagner zum weiteren Altern einzulagern. Jedoch müssen sie diese besondere Behandlung auch verdienen. Krug Grande Cuvée, Gosset Grande Réserve und Jacquesson Cuvée 733 beispielsweise sind sehr wertig und verbessern sich in der Flasche mit mehr Zeit noch erheblich. Unsere erfahrenen champagnertrinkenden Kunden schätzen den Unterschied, den sie im Glas sehen.

Zögern Sie nicht, ältere Jahrgangschampagner wie den 1996er-Jahrgang zu kaufen – sie altern hervorragend. Und obwohl sie vor dem Kauf deutlich länger gereift sind, kosten sie nicht viel mehr. Der Veuve Clicquot Vintage Reserve (derzeit der 2002er) kostet nur 30 % mehr als der Jahrgangslose. Dom Pérignon neigt dazu, nach der Ausgabe noch etwas Zeit zu brauchen, bevor er sich entwickelt – im Gegensatz zu Krug, der schon weiter ist –, aber dennoch lohnt sich das Warten ganz sicher.

» **Bollinger La Grande Année 2000 (und 2002)**

Eines der besten Beispiele für einen reizvollen, weichen, reifen Jahrgang auf seinem Höhepunkt. Sein Ende ist keinesfalls nah – besonders als Magnum hat er eine noch lange Zukunft vor sich. Typisch hefige Autolysenoten mit gewisser Kräuterwürzigkeit, zu Beginn weich, buttrig und kräftig am Gaumen, ohne dabei plump zu sein – ein ausgesprochen weiniges Vergnügen. Der raffinierte, ausgewogene, klassischere La Grande Année 2002, mit sehr hohem Alterungspotenzial, folgt.

Laurent-Perrier

Domaine Laurent-Perrier, Tours-sur-Marne

Tel: +33 3 26 58 91 22, www.laurentperrier.com

Noch immer ist Laurent-Perrier vor allem für seinen Rosé-Champagner in der unverwechselbaren Flasche bekannt, der den Trend hin zu Rosé-Weinen auslöste. Doch aus dem Haus stammt auch der am weitesten verbreitete Zéro Dosage-Champagner Ultra Brut. Mit Hinblick auf die große Anzahl dieser Weine kann Laurent-Perrier für sich in Anspruch nehmen, auch diesen bedeutenden Trend gesetzt zu haben.

» **Laurent-Perrier Brut NV**
Dieser Wein hat einen köstlichen, leichten, runden, delikaten Stil. Er ist einfach zu genießen, meisterhaft gemacht, ohne kompliziert zu sein. Trinkt man ihn, möchte man gar nicht mehr aufhören.

» **Grand Siècle La Cuvée NV**
Diese Prestige Cuvée ist ungewöhnlich, da sie eine Assemblage aus drei Ernten ist – bei der aktuellen Cuvée aus den Jahren 1999, 1997 und 1996 – sowie aus je rund zur Hälfte Chardonnay und Pinot Noir. Fein und delikat, keinesfalls wuchtig, neigt sie im Alter eher zu buttrigen als zu Röst- und Hefearomen.

» **Cuvée Grand Siècle Alexandra Rosé Vintage 1998**
Eine kupferfarbene Jahrgangs-Cuvée mit aufregend floralen Noten, deren Himbeerfrucht sich mit etwas Zeit im Glas zu reicher, schwarzer Frucht entwickelt. Klassisch, elegant, zart, aber lang anhaltend und mit großer Finesse. Ein luxuriöser Genuss.

Duval-Leroy

69 Avenue de Bammental, Vertus

Tel: +33 3 26 52 10 75, www.duval-leroy.com

Carol Duval führt dieses exzellente, jedoch unterschätzte Familienunternehmen in Vertus in der Côte des Blancs. Die Qualität der Jahrgangs-Cuvées beruht auf den eigenen, rund 200 Hektar großen, erstklassigen Weinbergen, wo überwiegend Chardonnay wächst. Eine Reihe innovativer, interessanter Weine hat das Haus in den letzten zehn Jahren unter dem Label Authentis ausgegeben.

» **Blanc de Chardonnay Brut Vintage 1999**

Sein sattes Goldgelb verrät bereits die reifen, saftigen Fruchtaromen dieses sich auf seinem Höhepunkt befindenden Weins, dessen Genuss wahre Freude bereitet.

» **Clos des Bouveries 2004**

Dieser unter dem Authentis-Label ausgegebene Chardonnay-Einzellagenchampagner stammt von einem wenig ertragreichen, 3,5 Hektar großen Weinberg am südlichen Ende des Dorfes Vertus. Sein dritter Jahrgang ist füllig, reif und konzentriert – jedoch weniger lebendig als der Erstjahrgang von 2002.

» **Femme de Champagne 1996**

Le Snob TIPP

Eine Prestige Cuvée aus dem sehr reifen 1996er-Jahrgang, der zugleich den in letzter Zeit höchsten Säuregehalt hatte. Dieser extrem frische, zitrusbetonte Wein brauchte seine Zeit. Doch nun sind reife Frucht und rassige Säure im Gleichgewicht. Das Ergebnis ist ein die Zunge kitzelndes Perlen und eine tiefer liegende, langsam zum Vorschein kommende Fülle.

Billecart-Salmon

40 rue Carnot, Mareuil-sur-Aÿ

Tel: +33 3 26 52 60 22
www.champagne-billecart.fr

François Roland-Billecart führt dieses angesehene Haus in siebter Generation. Dank der zusätzlichen 80 Hektar Rebfläche von Jean-Jacques Frey, der einen 45-%-

Anteil am Haus hält, konnte die jährliche Produktion auf rund 1,7 Millionen Flaschen erhöht werden. Während Billecart insbesondere für seine Rosé-Weine bewundert wird, sind die weißen Jahrgangsweine die wirklichen Stars. Sie können sehr lange altern und entwickeln sich zu einer Köstlichkeit.

» **Brut Rosé NV**

Le Snob TIPP Dieser Rosé in prachtvollem Hellrosa gehört zu der Liga raffinierter, dezenter, leicht fruchtiger Aperitif-Champagner, die viele Liebhaber hat. Anfangs sehr frisch, entwickelt er nach etwas mehr als einem Jahr eine attraktive Cremigkeit.

EINZIGARTIG » EXKLUSIV » ULTIMATIV **Snob**

Wurzelechte Reben Am Ende des 19. Jahrhunderts zerstörte die Reblaus (eine Blattlaus, die die Wurzeln angreift) die meisten Weinberge der Champagne. Um die Reben vor dem Befall zu schützen, wurden sie auf amerikanische Wurzelstöcke gepflanzt. Einige Gebiete waren jedoch gar nicht betroffen, darunter drei winzige, circa 1,4 Hektar große Parzellen Pinot Noir – zwei in dem Grand Cru-Dorf Aÿ und die andere in Bouzy. Bollingers Vieilles Vignes Françaises 2000 ist aus wurzelechtem Pinot Noir dieser Parzellen gemacht. Wegen des sehr geringen Ertrags konnten nur 3.766 Flaschen dieses Blanc de Noirs produziert werden. Sie kosten daher zwischen 360 und 440 Euro pro Flasche.

» **Brut Blanc de Blancs 1998**

Es sagt viel über die Haltbarkeit dieser Cuvée, dass sie ihre tatsächliche Herkunft und Finesse erst zwei bis drei Jahre nach Ausgabe allmählich offenbart hat. Ein Grund dafür ist die Mischung von nur drei der besten Grand Cru-Lagen: Cramant für die Finesse, Avize für die Macht und Mesnil-sur-Oger für die Struktur und Langlebigkeit. So wird sich diese Cuvée in den nächsten Jahren noch fröhlich weiterentwickeln und könnte vielleicht sogar die Qualität und Komplexität des feinen 1990er-Jahrgangs erreichen. Quittenaromen betonen die Reife der Ernte, und der Körper hat eine glänzende Fülle, die sich mit der Zeit wohl ins Schokoladige wenden wird.

» **Le Clos Saint-Hilaire 1998**

Dieser Einzellagenchampagner besteht aus 100 % Pinot Noir, der auf einem 1 Hektar großen Weinberg in der Nähe des Hauses in Mareuil-sur-Aÿ wächst. Die Cuvée beeindruckt auf allen Ebenen. Bereits in der goldgelben Farbe spiegeln sich die reifen, fruchtigen Noten, die beeindruckende Fülle und die Konzentriertheit, aber auch die feine, lebendige, erfrischende Säure.

» Regionale Marken

Regionale Einflüsse

Vier dieser kleineren Champagnerhäuser befinden sich am Rande von Reims, eines in Épernay. Der Sitz der meisten anderen ist das Dorf, der *cru*, dem eine zentrale Rolle bei der Herstellung ihres Weins zukommt und der einiges über sie verrät. Diese Häuser verstehen sich selbst als Handwerker, als Kleinhersteller. Die überwiegende Mehrheit produziert weniger als eine Million Flaschen pro Jahr, einige sogar deutlich weniger.

Montagne de Reims

Cattier

6/11 Rue Dom Pérignon, Chigny-les-Roses

Tel: + 33 3 26 03 42 11, www.cattier.com

Das familiengeführte Haus in Chigny-les-Roses, im Süden von Reims, besitzt 20 Hektar Rebfläche, von der ein Großteil als Premier Cru bewertet ist. Cattier ist heute vor allem wegen des Armand de Brignac bekannt, der eine sehr auffällige, glitzernde Verpackung hat, in Gold, Silber und Knallrosa, je nachdem ob Brut, Blanc de Blancs oder Rosé.

» **Armand de Brignac NV Brut**

Wie der Clos du Moulin ist dies ein Verschnitt von drei Ernten: derzeit aus der 2005er sowie aus kleineren, gleichen Teilen 2003er und 2002er. Mit einer Restsüße von 6 g/l ist er extra brut. Dank eines großzügigen

Schusses Grand Cru-Chardonnay ist er betont frisch, zugleich aber auch in sich rund, wohl zum Teil aufgrund der in Eichenfässern gealterten Dosage. Sein Abgang ist von respektabler Länge.

Henriot

81 Rue Coquebert, Reims

Tel: +33 3 26 89 53 00
www.champagne-henriot.com

Die Familie Henriot ist seit dem 16. Jahrhundert in der Champagne ansässig. Der jetzige Leiter des Hauses, Joseph Henriot, begründete Veuve Clicquots heutigen Ruf. In den 1990ern kehrte er in das Familienunternehmen zurück, verlagerte die Aktivitäten jedoch stärker ins Burgund, wo er die Häuser Bouchard Père & Fils und William Fèvre wieder aufbaute. Henriots Champagner sind relativ wenig bekannt, doch allesamt gut gemacht. Insbesondere die Jahrgangsweine und die luxuriöse Cuvée des Enchanteleurs sind Kleinode mit dem Potenzial, wunderbar zu altern.

» **Vintage Brut 1996**
Dieser zum zweiten Mal auf den Markt gebrachte Jahrgang verband sehr reife Früchtenoten mit ungewöhnlich hoher Säure. Diese haben nun eine herrliche Dichte und cremige Tiefe entwickelt. Die rassige Säure belebt ihn noch immer, sodass man sich mit dem Trinken nicht beeilen muss.

» **Cuvée des Enchanteleurs 1995**
Le Snob TIPP
Für diesen üppig-kraftvollen, vollreifen Champagner sollte man sich Zeit nehmen. Am besten, man genießt ihn langsam an einem

sonnigen Nachmittag im Garten. Er ist ein Verschnitt von 55 % Chardonnay und 45 % Pinot Noir mit reifen Röstaromen und Noten pikanter, exotischer Frucht. Am Gaumen ist er so vollmundig wie ein Meursault, und der Abgang ist lang und schokoladig. Es gibt bessere Beispiele für den 1995er-Jahrgang – doch die meisten wurden bereits getrunken, noch bevor sie eine solch opulente Größe erreichen konnten.

Krug

5 Rue de Coquebert, Reims

Tel: +33 3 26 84 44 20, www.krug.com

Olivier Krug führt das berühmte Haus der Familie Krug in der sechsten Generation. Krug-Champagner sind die exklusivsten und teuersten der Region. Sie sind für ihre Langlebigkeit und ihren reichen, weinigen Stil bekannt. Im Gegensatz zu anderen Häusern hat Krug nur Champagner von Prestige Cuvée-Qualität, die allesamt über 100 Euro pro Flasche kosten – einige sogar deutlich mehr.

» **Krug Grande Cuvée**

Die Krug Grande Cuvée ist eine Mischung verschiedener Jahrgänge, die alle mindestens fünf Jahre auf der Hefe gereift sind. Der mit bis zu 50 % sehr hohe Anteil an Reserveweinen – von denen manche bis zu 20 Jahre alt sind – verleiht ihr eine komplexe Struktur. Der Stil ist unverwechselbar reich und hat durch die Gärung in kleinen Eichenfässern und die lange Lagerung sekundäre Aromen von Brioche, Vanille, Mokka sowie rauchige, würzige Noten entwickelt.

Krug Vintage 1996

Dieser Champagner ist einer der größten Jahrgangsweine, der je hergestellt wurde. Noch kann man Flaschen dieses beeindruckenden, konzentrierten 1996er-Jahrgangs finden. Er strotzt vor Vitalität, hat einen hohen Säuregrad und ist von enormer Vielschichtigkeit. Gemacht ist er aus der reifsten Ernte eh und je. Und selbst im Abgang ist er noch kraftvoll, durchdringend lebhaft und lang.

Krug Clos du Mesnil 1996

Le Snob TIPP

Ein reiner Chardonnay-Einzellagenchampagner aus einem 1,87 Hektar großen Weinberg in Le Mesnil-sur-Oger. Im Vergleich mit dem 1996er-Vintage ist es schwer vorstellbar, dass der Clos du Mesnil diesen geschmacklich übertrifft. Doch der Clos du Mesnil überzeugt absolut. Die Intensität am Gaumen ist verblüffend, die Textur seidig. Noten von reifen exotischen Früchten überschneiden sich mit wohlschmeckender Säure, dann füllt ein cremiger Reichtum den Mund und ein langer, kräftiger Abgang folgt. In den kommenden zehn Jahren wird er sogar noch besser werden.

Clos d'Ambonnay 1996

Wie bereits erwähnt, war 1996 ein ganz besonderes Jahr, das Weine mit intensiver Säure und hoher

Reife hervorgebracht hat. Beides zeigt sich in diesem Krug, der zu Beginn reich, reif und mit vollen Brotaromen auftritt. Am Gaumen jedoch ist er noch immer frisch und intensiv zitronig. Er hat sicher noch ein paar Jahrzehnte oder mehr vor sich. Der Preis liegt jedoch schon jetzt zwischen 1.400 und 1.600 Euro pro Flasche.

Champagner Marguet Père & Fils

1 Place Barancourt, Ambonnay

Tel: +33 3 26 53 78 61
www.champagne-marguet.fr

Benoît Marguet ist in fünfter Generation Winzer. Er geht einen neuen Weg und hat, wo immer möglich, auf ökologischen Landbau umgestellt: Pflügen mit dem Pferd, Nutzung von Eichenfässern für 90 % der Gärung – und immer auf der Suche nach Weinen mit einem starken, individuellen Charakter.

EINZIGARTIG » EXKLUSIV » ULTIMATIV **Snob**

Kleine Weinberge Krugs Clos d'Ambonnay stammt aus einer winzigen, 0,685 Hektar großen Lage direkt bei Ambonnay. Dieser Einzellagen-champagner ist sortenrein, nur aus Pinot Noir gemacht. Vom ersten Jahrgang wurden 1995 ganze 3.000 Flaschen abgefüllt. Als sie 2007 auf den Markt gebracht wurden, erzielten sie im Verkauf Preise von bis zu 2.500 Euro.

» **Blanc de Noirs Brut NV**
Dieser 2006er- bis 2007er-Verschnitt ist zu 75 % aus Pinot Noir und zu 25 % aus Pinot Meunier Blanc de Noirs. Ein ausdrucksstarker Wein mit viel Leben und Energie. Er ist fruchtig mit kräftigen Aromen, mineralischen Noten, einer Textur von Biskuit und einem guten Mundgefühl.

» **Grand Cru Rosé Brut NV**
Dieser schöne, blassrosa Champagner mit orangfarbenen Reflexen enthält nur Trauben aus Ambonnay und Bouzy – 70 % Chardonnay und 30 % Pinot Noir. Seine Farbe verdankt er dem Anteil von 12 % Rotwein plus 1 % Saignée. Sein Stil ist sauber und betont frisch – unter anderem dank des Anteils Cramant und Le Mesnil-sur-Oger-Chardonnay –, zeigt aber auch dichte Noten schwarzer Früchte.

» **Grand Cru Brut Millésimé 2002**
Ein Verschnitt von 70 % Chardonnay und 30 % Pinot Noir, ausschließlich von Grands Crus in der Montagne de Reims und Côte des Blancs. Neben fülliger, reifer Pfirsichfrucht und samtig-weicher Textur zeigt er zudem eine gewisse Würze und mineralische Intensität.

Bruno Paillard

Avenue de Champagne, Reims

Tel: +33 3 26 36 20 22
www.champagnebrunopaillard.com

Ein durch und durch modernes Haus: Die Keller sind alle oberirdisch in einem großen, temperierten Lager, voll von moderner Technologie. Bruno Paillard, der sein neues Haus 1981 im Alter von 27 Jahren gründete, erlangte schnell einen guten Ruf für die Qualität seiner Weine. Seit 1985 vermerkt Paillard auf dem Etikett den Zeitpunkt des Dégorgements; ein Beispiel, dem immer mehr Qualitätshersteller folgen (siehe Seite 71).

» **Brut Première Cuvée NV**

Obwohl nur zu einem Drittel aus Chardonnay, ist sein Stil elegant und frisch. Ein Hauch Zitrus betont zudem die verborgene Tiefe und Vielschichtigkeit. Diese verdankt er dem Anteil von 20 bis 50 % Reserveweinen. Er kann eindrucksvoll altern und entwickelt volle Brotaromen mit würzigen Noten von Lebkuchen, wie eine Verkostung einer auf der 1995er-Ernte basierenden Cuvée mit hohem Flaschenalter kürzlich zeigte.

» **Rosé Cuvée Première NV**

Dieser leicht fruchtige Rosé mit zarter, blass-zwiebelhafter Farbe hat wirkliche Klasse und Finesse. Er kann an einem warmen Abend al fresco oder als Aperitif genossen werden und wird – wie der Le Meurice – in einigen der besten Hotelbars von Paris serviert.

» **Grande Cuvée Nec Plus Ultra 1995**

Diese Prestige-Linie bekommt die Zeit, die eine Luxus-Cuvée verdient, aber nur noch selten erhält. Die Trauben stammen von sieben Grands Crus und sind im Fass gegärt. Sie hat eine niedrige Restsüße (4 g/l) und wurde nach dem Degorgieren zwei Jahre gelagert. Wenn sie sich im Glas öffnet, offenbaren sich eine wachsartige Textur, Röstaromen und ein Hauch von Honig.

» **Brut Millésimé 1996 Blanc de Blancs**

Le Snob TIPP

Nur wenige Häuser halten Jahrgangsweine zurück, auch wenn ein Jahrgang

Weise Worte

Charles Philipponnat, CEO von Champagne Philipponnat

» Einzellage vs. Verschnitt

Beim Verschneiden eines guten Champagners dreht sich alles um die Wahl der besten Grund- und Reserveweine sowie um die Kombination derer, die zusammenpassen. Wenn man einen Spitzenwein verschneidet, schaut man weniger auf Kraft, mehr auf Komplexität. Hierin unterscheidet sich der Stil eines Einzellagenweins von dem eines Verschnitts. Die Komplexität eines Verschnitts stammt von den einzelnen Teilen, eine Lage aber muss von einem einzigartigen Stück Land kommen, einem, das gefunden wurde, um etwas Besonderes zu produzieren. So wusste mein Onkel Pierre sofort, als er 1935 Clos des Goisses kaufte, dass er dort eine Einzellage anbauen würde.

Bei Einzellagenchampagnern kommt es auf Individualität und Kraft an, sie sind wie Wein. Wir empfehlen, den Clos des Goisses zu dekantieren und nicht zu kalt zu servieren. Bei etwa 12 °C offenbart er all seine Facetten.

wie der 1996er dies nahelegt. Diese schöne Cuvée jedoch, deren Körper und Struktur danach verlangen, kam erst 2010 in den Verkauf. Im November 2007 degorgiert, ist sie noch immer jung, dicht und frisch. Sie hat eine intensive Zitrusnote, die im Mund wie eine eiskalte Dusche wirkt, und ist dabei zugleich beeindruckend vollmundig.

Vallée de la Marne

Ayala

Château d'Aÿ, 2 Boulevard du Nord, Aÿ

Tel: +33 3 26 55 15 44, www.champagne-ayala.fr

Dieses bisher wenig bekannte Haus wurde 2005 von der Bollinger-Gruppe gekauft. Nach der Übernahme hat der Geschäftsführer Hervé Augustin das Profil verbessert und den Fokus auf gut gemachte Weine gesetzt. Unter anderem hat er dafür die Süßegrade gesenkt, wie es viele fortschrittliche kleine Häuser tun. Mit der Einführung von Zéro Dosage-Versionen von drei der regulären Cuvées – dem Brut Majeur, dem Rosé Brut Majeur und der Prestige-Linie Perle d'Ayala – ist er noch einen Schritt weitergegangen. Der Zeitpunkt des Dégorgements ist jeweils auf dem hinteren Etikett angegeben.

» **Ayala Zéro Dosage NV**

Während einige Häuser unterschiedliche Assemblages für ihre Champagner mit geringer oder gar keiner Dosage verwenden, nimmt Ayala für diese dieselbe wie für den Standard Brut Majeur NV, der selber bereits nur 8,5 g/l Restsüße hat, gibt allerdings nach dem Degorgieren keinen Zucker mehr bei. Das Ergebnis ist beeindruckend und nicht übermäßig streng. Er hat tolle Aromen und zeigt – dank der Qualität der Crus und des 20-%-Anteils an Reservewein – einiges an Finesse und Tiefe. Zudem hat er eine mineralische Qualität, die ihm viel Mundgefühl verleiht.

» **Perle d'Ayala 2002**

Le Snob TIPP Dieser Spitzenwein ist ein Verschnitt von 20 % Pinot Noir aus Aÿ mit der Blanc de Blancs-Jahrgangs-Cuvée des Hauses. Letzere – aus Trauben von drei Grands Crus Blanc de Blancs-Weinbergen gemacht – war 2002 selbst ein überwältigender Wein. Diese reinrassige Herkunft des Perle d'Ayala zeigt sich in der klassischen Eleganz. Nach acht Jahren Alterung ist er in seiner relativen Jugend noch etwas hart. Frisch und pikant, mit Grapefruitnoten, ist er anfänglich dicht, öffnet sich aber mit der Zeit.

Deutz

16 Rue Jeanson, Aÿ

Tel: +33 3 26 56 94 00
www.champagne-deutz.com

Seinen Ruf hat dieses traditionelle Haus aus der Zeit, als es über fünf Generationen hinweg von der Familie Lallier-Deutz geführt wurde. Seit der freundlichen Übernahme durch Louis Roederer 1993 werden nach größeren Investitionen weiterhin exzellente Champagner produziert. Die dezenten Weine finden sich vor allem in Spitzenrestaurants. Halten Sie Ausschau nach ihnen, sie sind es wert.

» **Deutz Brut Classic NV**

Le Snob TIPP Ein Musterexemplar für die Qualitäten eines erstklassigen jahrgangslosen Champagners. Zunächst köstlich frisch, ist er doch ausreichend gereift, sodass Textur und Geschmack gleich am ersten Tag im Handel absolut überzeugen. Neben einem sorbethaften Prickeln mit Zitrushöhepunkten hat er reife, pfirsichhafte Fruchtaromen, eine feinkörnig-cremige Textur sowie die hefigen, pikanten Noten reifer Weine.

» **Brut Vintage Rosé 2005**

In Altrosa, mit einem Hauch von Orange, ist dieser üppige Rosé ganz aus hochwertigen Pinot Noir hergestellt. Farbe und Fülle erhält er durch die 10 % des Grundweins, der aus Deutz' bester Südlage oberhalb von Aÿ kommt und der als Rotwein ausgebaut wurde. Seine Struktur und Kraft ermöglichen es ihm sogar, erfolgreich gegen fetten Entenbraten oder Lammrücken zu bestehen.

» **Deutz Blanc de Blancs 2004**

Ein reiner Chardonnay-Stil, der zu den herrlichsten von Deutz zählt. Seine Besonderheit ist ein sorbethafter Geschmack, der leicht über die Zunge tanzt und seine biskuithafte Textur am Gaumen betont.

Gosset

69 Rue Jules Blondeau, Aÿ

Tel: +33 3 26 56 99 56, www.champagne-gosset.com

Das im Grand Cru-Dorf Aÿ ansässige Haus Gosset wurde 1584 gegründet und ist das älteste der Champagne. Da die Gemeinden Aÿ und Beaune im 16. Jahrhundert den französischen Hof mit Rotwein belieferten, stellte es früher vor allem Tafelwein her. Heute produziert Gosset kräftige und sehr aromatische Champagner, die besonders gut altern. Wegen ihrer Affinität zu Speisen sind sie oft auf den Weinkarten guter Restaurants zu finden.

» Gosset Grand Rosé Brut NV

Während ein großer Anteil Chardonnay (56 %) den Körper dieser Cuvée hebt, verleiht der Rotwein aus den Grands Crus Ambonnay und Bouzy ihr Tiefe. Ihr Lachsrosa ist verführerisch. Sie hat eine schöne Frucht, eine cremige Textur und einiges an Schwung – alles in allem ein reizvoller Genuss.

» Gosset Grande Réserve Brut NV

Le Snob TIPP

Dieser Champagner ist ein Verschnitt von drei Jahrgängen (derzeit 2002, 2003 und 2005), die fünf Jahre gealtert ist. Geprägt durch Chardonnay (43 %) und Pinot Noir (42 %), sorgt ein Schuss Pinot Meunier für die fruchtigen Aromen. Als einer der besten jahrgangslosen Champagner hat er Aromen von Brioche, Vanille und reifem Steinobst. Sein weicher, seidiger, voller Gaumen ist verführerisch. Beim Abgang hat er ein würziges, pikantes Moment mit einem leichten Hauch von geröstetem Kaffee.

» **Gosset Grand Millésimé 2000**

In manchen Jahren dient er der Herstellung von Celebris (siehe unten). Er selbst ist weniger teuer und dennoch sehr ausdrucksstark. Durch den Verschnitt von Chardonnay und bereits entwickeltem Pinot Noir erhält er kräftige, würzige Noten und einen Hauch von Leder und Rauch. Er ist groß, kräftig, charaktervoll und nichts für schwache Nerven.

» **Celebris Vintage 1998 Extra Brut**

Der Celebris ist ein ernst zu nehmender Wein: klassisch, mit niedriger Restsüße und langer Lagerfähigkeit. Obwohl im Gosset-Stil gemacht und immer noch jung, hat er einen intensiven Geschmack und zeigt bereits jetzt eine gewisse Komplexität.

Alfred Gratien

30 Rue Maurice Cerveaux, Épernay

Tel: +33 3 26 54 38 20, www.alfredgratien.com

Das sehr traditionelle Haus vergärt seinen Champagner noch immer in kleinen Eichenfässern und macht ausdrucksstarke, langlebige Weine. Obwohl die Marke nun dem deutschen Sektproduzenten Henkell & Co. gehört, haben sich die Herstellungsmethoden nicht geändert. Chef de Cave Jean-Paul Jaeger hat die Leitung kürzlich an seinen Sohn Nicolas übergeben.

» **Brut NV**

Bevor er auf den Markt kommt, reift er vier Jahre – gut ein bis zwei Jahre mehr als die meisten anderen jahrgangslosen Champagner. Seine Farbe ist blass-zitronig. In der Nase ist er recht reif und reich; zunächst frisch und lebendig und dann intensiv im Geschmack.

Sein hochkarätiges Perlen stellt viele größere Namen in den Schatten.

» **Brut Vintage 1999**

Le Snob TIPP Aus zwei Dritteln Chardonnay, rund einem Viertel Pinot Noir und 10 % Pinot Meunier gemacht, hat er einen vollmundigen Stil mit großem Aroma und langem Abgang. Sein typisches Röstaroma zeigt sich bereits – jedoch braucht er noch gute fünf Jahre oder mehr, um richtig aus sich herauszukommen.

» **Cuvée Paradis NV**

Obwohl sie keinen Jahrgang auf dem Etikett hat, stammt diese Prestige Cuvée gänzlich aus der 2005er-Ernte und reift seit mehr als fünf Jahren in der Flasche. Mit 65 % von Chardonnay bestimmt, ergänzen Pinot

Zeitpunkt des Degorgierens

Eine wachsende Zahl Hersteller aller Art – besonders Winzer und kleinere, spezialisierte Häuser – machen immer mehr Angaben auf den Etiketten: etwa den genauen Verschnitt bei jahrgangslosen Cuvées, die zugrunde liegende Ernte, den Anteil an Reservewein, die genaue Angabe des Süßegrads und den Zeitpunkt des Degorgierens. Der Verbraucher kann so besser entscheiden, wann er einen Wein trinken möchte: Wenn er in den Monaten direkt nach dem Degorgieren noch jung und frisch ist? Oder ob er ihn noch im eigenen Keller in der Flasche altern lassen möchte, vielleicht einige Jahre, bis er mehr Reichtum und aromatische Vielfalt entwickelt hat.

Noir und Pinot Meunier den Verschnitt in gleichen Mengen. Wie die anderen Weine des Hauses durchläuft auch sie keine Malo (siehe Seite 18), was ihre Frische verstärkt. Zuerst hat sie Zitrusaromen, dann einen Hauch von Vanille, eine gewisse Würze und im Abgang eine süßliche Note.

Jacquesson

68 Rue du Colonel Fabien, Dizy

Tel: +33 3 26 55 68 11
www.champagnejacquesson.com

Dieser hochkarätige kleine Hersteller wird von den Brüdern Jean-Hervé und Laurent Chiquet geführt, die einen beneidenswerten Ruf für die Qualität ihrer Weine und ihrer gesamten Arbeit genießen. Ihre große Sorgfalt beginnt im Weinberg. Dort wenden sie traditionelle Weinbaumethoden an, vermeiden den Einsatz von Herbiziden und betreiben weitestgehend biologische Landwirtschaft. Für die Gärung setzen sie *foudres*, große Eichenfässer, ein. Ihr jahrgangsloser Champagner ist einmalig. Er ist nicht von gleichbleibendem Stil, sondern ändert sich jedes Jahr, um aus jeder Ernte die bestmögliche Cuvée herzustellen.

» **Jacquesson Cuvée 734**
Zitronengelb mit goldenen Reflexen, hat er Spuren zitrushafter Säure, eine reizvoll nussige Intensität und eine seidige, cremige Textur. Seine Vielschichtigkeit nimmt zu. Auf der aktuellen Entwicklungsstufe ist er weniger streng als seine Vorgänger, jedoch noch weit von seinem Höhepunkt entfernt. Diese Weine reifen sehr ähnlich wie Jahrgangschampagner und werden mit dem Alter immer komplexer.

» **Jacquesson 2002er Vintage**

Le Snob TIPP Ein Jahrgangswein, den ausfindig zu machen sich lohnt. Opulent und reich in der Nase, mit sekundären würzig-hefigen Noten, einer ausgewogenen Säure, feiner Textur und einer ausdrucksstarken Mineralität. Und zu guter Letzt scheint der herrliche Abgang eine Ewigkeit zu dauern. Hervorragend.

Alain Thiénot

14 Rue des Moissons, Reims

Tel: +33 3 26 77 50 10, www.thienot.com

Ein echter Familienbetrieb mit Alain Thiénot im Hintergrund, während Tochter Garance und Sohn Stanislas zunehmend die Geschäfte übernehmen. Das moderne Weingut, in das erheblich investiert wurde, ist seit 2003 fertiggestellt. Als Alain mit dem Aufbau des Hauses begann, besaß er Weinberge in den Grand Cru-Dörfern Le Mesnil-sur-Oger und Aÿ. Heute sind es insgesamt 27 Hektar, die Hälfte davon Premier und Grand Cru. Die Weine sind klassisch und elegant.

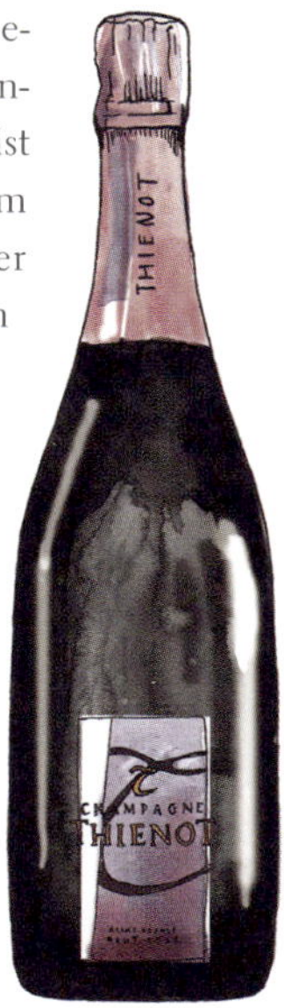

» **Thiénot Brut Rosé NV**

Le Snob TIPP Bei einer Verkostung jahrgangsloser Rosé-Cuvées stach diese aus der Masse heraus. Ein erstklassiger Wein, gefertigt aus 45 % Chardonnay, 28 % Pinot Noir,

20 % Pinot Meunier und dem entscheidenden Zusatz von 7 % Rotwein aus einem der ältesten Weinberge in Aÿ. Er hat eine feine Himbeerfrucht und eine angenehm erfrischende, griffige Säure.

» **Thiénot Brut NV**

Ein hoher Anteil von Chardonnay verleiht dieser Cuvée köstliche Frische und Raffinesse. Sie ist konzentriert und vielschichtig, unter anderem dank des ordentlichen Anteils an Reservewein. Sie ist ein Genuss und setzt sich in puncto Qualität von anderen erhabenen Namen ab.

Joseph Perrier

69 Avenue de Paris, Châlons-en-Champagne

Tel: +33 3 26 68 29 51, www.josephperrier.com

Dies ist das einzige Haus, das in Châlons-en-Champagne, einige Kilometer östlich der Weinberge im Marne-Tal, Champagner herstellt. Joseph Perrier besitzt Weinberge im Herzen der Region und kauft Chardonnay aus Avize und Le Mesnil-sur-Oger in der Côte des Blancs hinzu. Unter der Leitung des charismatischen und gastfreundlichen Jean-Claude Fourmon, dessen Familie tief in der Region verwurzelt ist, produziert dieses Haus Champagner mit viel Charme und einige ernst zu nehmende Jahrgangs-Cuvées.

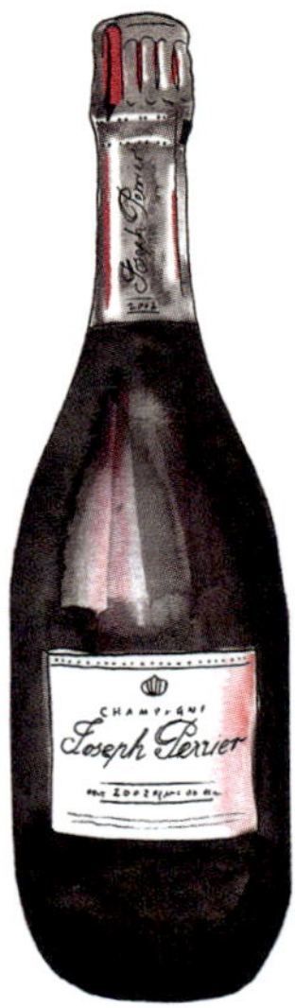

» **Blanc de Blancs Vintage 2002**

Le Snob TIPP

Eine neue Cuvée von besonderer Qualität aus einem großen Jahrgang, dessen Chardonnay-Ernte zu den besten zählt. Hinsichtlich Vielschichtigkeit und Intensität ist dieser Wein eine Stufe über seinem jahrgangslosen Pendant. Er hat einen schönen Körper und beeindruckenden Abgang – so, wie man es von Weinen aus Spitzenlagen in Le Mesnil-sur-Oger, Avize und Cumières erwarten würde.

» **Cuvée Josephine 2002**

Ein Sprung von vier Jahren liegt zwischen dem reichen, frühreifen 1998er- zur Spitzenklasse des 2002er-Jahrgangs. Dieser Prestige-Stil ist ein Verschnitt von 56% Chardonnay und 44% Pinot Noir, die aus Premiers und Grands Crus stammen. Momentan ist er streng und frisch, mit einer hellen, leuchtenden Frucht. Die Textur ist reichhaltig und wird von dem vollreifen Chardonnay bestimmt. Im Abgang hat er zudem einen Hauch von Gewürzen. Im Alter wird er ein köstliches Röstaroma entfalten.

» **Brut Rosé Vintage 2002**

Ein Pendant zu dem Blanc de Blancs-Jahrgangswein, ebenfalls erstmals aus der 2002er-Ernte hergestellt. Elegant, fruchtig und intensiv, ein Rosé mit seidiger Textur. Er besteht hauptsächlich aus Pinot Noir, aufgefrischt mit einem Schuss Chardonnay und 12% Rotwein aus Cumières. Am Ende zeigt er einen würzig röstaromatischen Charakter. Da das Haus Joseph Perrier nicht so bekannt ist, wie es die Qualität der Weine verdient, hat diese Cuvée einen attraktiven Preis, ähnlich dem einiger Spitzen-Rosés ohne Jahrgang.

» Reservewein

Fast alle Häuser, die jahrgangslosen Champagner herstellen, verwenden Reserveweine in ihren Verschnitten. Es ist völlig legal, Champagner ohne Jahrgang aus einer Ernte herzustellen – aber es ist nicht üblich. Ursprünglich wurde Reservewein dazu verwendet, die Einheitlichkeit des Stils und Geschmacks zu garantieren. Dies gilt insbesondere für die großen, internationalen Marken, die ein erkennbares Profil bewahren wollen, auch wenn die Trauben von Jahr zu Jahr wechseln.

Neben der Förderung der Einheitlichkeit des Stils haben qualitätsbewusste Häuser Reservewein immer schon verwendet, um Nuancen des Geschmacks und der Komplexität hinzuzufügen und dem Wein Charakter und Einzigartigkeit zu verleihen. Es mag übertrieben sein zu behaupten, dass Champagner mit einem großen Anteil an Reservewein immer besser sei. Aber es ist sicherlich richtig, dass man mit einem höheren Anteil an Reservewein mehr Vielfalt und interessanteren Wein herstellen kann.

Philipponnat

13 Rue du Pont, Mareuil-sur-Aÿ

Tel: +33 3 26 56 93 01
www.philipponnat.com

Unter Charles Philipponnats geschickter Verwaltung hat sich die Qualität der durch Pinot Noir bestimmten Champagner in den vergangenen fünf Jahren erheblich gesteigert, insbesondere die des jahrgangslosen Royale Réserve. Die 20 Hektar Rebfläche, die das Haus in einigen der besten Crus an den südlichen Hängen in der Montagne de Reims besitzt, werden besser genutzt. Das Kronjuwel des Hauses ist und bleibt der Clos des Goisses. Diese steile, 5,5 Hektar große Südlage mit reinen Kalkböden bringt einige der reifsten und reichsten Weine der ganzen Champagne hervor.

» **Royale Réserve Brut NV**
Elegant, biskuitähnlich mit cremiger Fülle und guter Textur, ist dieser zu einem der besten Champagner der Region geworden. Seine Komplexität erhält er durch einen hohen Anteil Reservewein und die Tatsache, dass seine Reserveweine aus früheren Ernten jetzt in Eichenfässern gelagert werden.

» **Cuvée 1522 Millésimé 2000**
Dieser Wein, ein reicher und reiner 60 zu 40 Pinot Noir-Chardonnay, erinnert in seinem Namen an die erste urkundliche Erwähnung der Familie in Mareuil-sur-Aÿ. Bereits sehr ausgereift, mit vielschichtigem, Röstaromen enthaltendem Geschmack, ist er zudem auch elegant. Seinen Höhepunkt hat er noch vor sich.

» **Clos des Goisses 1998**

Le Snob TIPP Laut Charles Philipponnat ist dies ein stark strukturierter Wein von großer Intensität, der Zeit braucht, um seine Elemente besser miteinander zu verflechten. Auch nach ausgiebigen Verkostungen hatte der Wein genug Kraft und mineralische Konzentration, um zu glänzen. Charles sagt, der Wein habe das Potenzial, um Jahrzehnte zu altern. Die starke Struktur und Intensität des Weins lassen vermuten, dass er damit richtig liegt.

Côte des Bar

Drappier

Rue des Vignes, Urville

Tel: +33 3 25 27 40 15
www.champagne-drappier.com

Michel Drappier hat eine feine Auswahl von meist auf Pinot Noir basierenden, charaktervollen, ausdrucksstarken Weinen. Er hat einen speziellen Dekanter entwickelt, der dabei hilft, die kräftigen Aromen zu verstärken. Zum Sortiment gehört ein feiner, mineralischer Pinot Noir Brut Nature, der vor allem in französischen Restaurants verkauft wird, und ein innovativer Blanc de Blancs-Verschnitt – Cuvée Quattuor – von Chardonnay, Pinot Blanc sowie seltenem Arbane und Petit Meslier.

» **Val des Demoiselles Brut Rosé NV**

Dieser Wein sieht mehr aus wie ein leichter Rotburgunder. Am Gaumen dominiert seine reife, leckere

Pinot Noir-Frucht. Er wurde mit der Saignée-Methode hergestellt. Die daraus resultierende Konzentration der roten Traube ist so stark, dass Michel Drappier ihn mit als Weißwein ausgebautem Pinot Noir versetzt. Die endgültige Farbe des Weins variiert jedoch abhängig von der jeweiligen Ernte. Dies ist einer der besten Rosé-Champagner – und dabei nicht einmal teuer.

» **Cuvée Millésimé Exception 2002**

Der 2002er-Jahrgang ist der wohl beste seit mehr als einem Jahrzehnt. Fast alle Weine aus diesem Jahr waren bei ihrer Ausgabe interessant und zeigen Potenzial, gut zu altern. Dieser Drappier-Jahrgang ist ein perfektes Beispiel. Gleich zu Beginn war er üppig, kess und schön ausbalanciert. Er ist schon heute ein Genuss, wird nach ein paar Jahren extra im Keller jedoch noch größere Komplexität entwickeln.

» **Grande Sendrée Vintage 2002**

Le Snob TIPP

Aus einer steilen Südlage in Urville ist dieser Verschnitt von 45 % Chardonnay und 55 % Pinot Noir die Prestige Cuvée des Hauses und der Star der Reihe. Mit einer seidigen Textur, reich und schön ausgewogen, hat sie mehr als nur den Hauch eines Burgunders. Ihre floralen Noten verbinden sich mit Aromen von getrockneten Blüten und etwas Mandarine, angenehmer Würze und süßem Honig.

» **Brut Nature**

Dieser Zéro Dosage, 100 % Pinot Noir, wurde erstmals 1999 ausgegeben. Sauber, frisch, mit einer salzigen, mineralischen, fast jodigen Note, ist er ein feiner, den Gaumen reinigender Aperitif oder exzellenter Begleiter von Austern.

Côte des Blancs

Champagne Veuve Fourny & Fils

12-5 Rue du Mesnil, Vertus

Tel: +33 3 26 52 16 30
www.champagne-veuve-fourny.com

Emmanuel und Charles-Henry Fourny führen das Familienunternehmen gewissenhaft und mit viel Liebe zum Detail. Ihr guter Ruf beruht auf der Herstellung von reinen, raffinierten, langlebigen Weinen mit niedriger und zéro Dosage. Sie bewirtschaften circa 15 Hektar Rebfläche mit 40 Parzellen. Diese liegen alle im Premier Cru-Dorf Vertus und sind auf den drei verschiedenen Bodentypen meist mit Chardonnay bepflanzt.

» **Cuvée ‚R' Extra Brut NV**

Le Snob TIPP Dieser grandiose Wein wird aus einem Großteil Chardonnay mit einem *soupçon* (kleinen Schuss) Pinot Noir gemacht. Er stammt von biologisch anbauten Reben, die im Schnitt 39 Jahre alt sind und einen konzentrierten, aromatischen Saft haben. Seine Grundlage bilden die hochwertige 2002er- und 2004er-Ernte, die in kleinen Eichenfässern ausgebaut wurden. Elegant, energisch, ausgeglichen, anfänglich mit Aromen von weißen Blumen und Zitrusfrüchten, am Gaumen mit einer deutlichen Salznote. Im Glas entfalten sich pikante, komplexe, rauchige, hefige Aromen, während sich im langen, reichen Abgang ein Funke mineralischer Reinheit zeigt.

» **Clos Faubourg Notre Dame 1999**

Ausgehend von dem circa 0,5 Hektar großen, ummauerten Weinberg, der 1951 bepflanzt wurde, hat diese Chardonnay-Cuvée Farbe und Intensität. Im Mund ist sie fett, mit einer deutlich kalkhaltigen Mineralität, und ihr lang anhaltendes, feines Perlen entwickelt im Alter mehr Cremigkeit. Nur ein paar hundert Flaschen werden in jedem Jahrgang abgefüllt.

Salon

5-7 Rue de la Brèche d'Oger, Le Mesnil-sur-Oger

Tel: +33 33 3 26 57 51 65
www.salondelamotte.com

Im Besitz der Laurent-Perrier-Gruppe, produziert Salon nur eine Cuvée. Alle Trauben stammen aus Le Mesnil. Ihr feiner, extrem langlebiger Blanc de Blancs-Stil ist immer erlesen und wird nur in den besten Jahren produziert.

» **Salon 1997**

In ihrer Jugend – die ein Dutzend oder mehr Jahre dauern kann – sind diese Weine oft unzugänglich und hart, ja sogar unattraktiv. Sie brauchen viel Zeit, um ihre Komplexität und ihre reine, elegante Salznote zu zeigen.

» Champagner-winzer

Wachsende Individualität

Nur etwa die Hälfte der Winzer, die Champagner unter ihrem eigenen Namen herstellen und vertreiben, exportiert ihn auch. Zusammen genommen macht dies nicht einmal 5 % des gesamten Champagnerexports aus. Ein Großteil der Winzerchampagner ist nichts Besonderes. Eine wachsende Zahl dieser handwerklich arbeitenden Hersteller produzieren jedoch kleine Mengen einzigartiger und charaktervoller Weine, in denen sich das spezifische *terroir* spiegelt, das Gebiet, aus dem sie stammen. Oft ist das nur ein Cru, ein Dorf in der Champagne.

Das Interesse an diesen Champagnern steigt rasant. Ein Grund dafür ist sicherlich die große Ähnlichkeit und Einfallslosigkeit einiger großer Marken. Die kleinen Winzer hingegen bieten aktuell die reizvollsten Weine der Champagne, die zudem ein besonders gutes Preis-Leistungs-Verhältnis haben.

Westlich und südwestlich von Reims

Chartogne-Taillet

37 Grand-Rue, Merfy

Tel: +33 3 26 03 10 17
www.chartogne-taillet.typepad.fr

Dieses Qualitätsweingut im verschlafenen Dorf Merfy wird von Alexandre Chartogne-Taillet geführt, der den Betrieb 2006 von seinen Eltern übernommen hat. Die Weine hatten bereits zuvor einen guten Ruf. Alexandre hat jedoch neue Ideen eingebracht: Der Anbau erfolgt jetzt ohne Einsatz von Herbiziden und Pestiziden, gepflügt wird mit dem Pferd, und beim Wein setzt er weniger Schwefel, eine geringere Dosage und Eichenfässer ein.

» **Millésimé 2002 Brut**

Dieser ausgeglichene 50 zu 50 Pinot Noir-Chardonnay aus der großen 2002er-Ernte ist reich an Pinot, mit fleischig-herzhaften Noten, einer hefigen, weichen Textur sowie einem Hauch von Mineralität und Würze. Die Dosage liegt bei 7 g/l.

» **Cuvée Sainte Anne Brut NV**

Dieser Wein ist ein Verschnitt von 60 % Chardonnay und 40 % Pinot Noir, hauptsächlich aus der 2006er-Ernte, sowie zu 20 % aus Reservewein der Jahre 2005 und 2004. Er wurde im November 2009 degorgiert. Ungefiltert und ungeschönt, mit einer niedrigen Dosage von 4,5 g/l, ist er ein Extra Brut-Stil, der sich seine Frische und Lebendigkeit erhält. Er hat Noten von frischem Gebäck, eine attraktive Pfirsichfrucht sowie einen Abgang von guter Länge.

» **Cuvée Fiaker „Tête de Cuvée“**

Fiaker ist die Prestige Cuvée des Hauses, und obwohl auf dem Etikett kein Jahrgang angegeben wird, stammt er doch aus einer einzigen Ernte, in diesem Fall 2002. Hergestellt aus 60 % Chardonnay und 40 % Pinot Noir, ist es ein üppiger, komplexer und ausdrucksstarker Wein mit beeindruckender Konzentration und langem Abgang.

Jérôme Prévost

2 Rue Petite Montagne, Gueux

Tel: +33 3 26 03 48 60

Jérôme Prévosts winzige Produktion von etwa 13.000 Flaschen auf Pinot Meunier basierendem Champagner ist sehr begehrt. Aus 2 Hektar biologisch bewirtschafteter Rebfläche mit 40-jährigen Pinot Meunier-Reben sowie zusätzlich noch 0,2 Hektar mit jungen Reben anderer Sorten macht er im Wesentlichen einen Champagner sowie ein wenig Rosé. Seine Weine gären in Eichenfässern, sind alle mit natürlicher Hefe hergestellt, ohne Schönung oder Filtration und mit möglichst wenig Schwefel. Nach dem Dégorgement wird keine Dosage beigegeben.

» **La Closerie Les Béguines Brut Nature**

Le Snob TIPP Dieser Wein wurde, anders als üblich, ohne Reservewein, nur aus der 2006er-Ernte hergestellt. Er macht den Großteil der Produktion aus und liegt jenseits dessen, was die meisten mit Champagner verbinden. Er ist kraftvoll, lebendig, sehr expressiv und weinartig. Die entwickelten Aromen von Hefe und Rauch spürt man auch noch am Gaumen und im langen, komplexen Abgang.

Champagne Maillart

5 Rue de Villers aux Noeuds, Écueil

Tel: +33 3 26 49 77 89
www.champagne-maillart.fr

Nicolas Maillart ist einer der jungen Winzer, die die Champagnerherstellung revolutioniert haben. Er baut seine Weine ausschließlich in Eiche aus und experimentiert dabei mit heimischen Fässern. Zudem hat er die Dosage reduziert und den Anteil an Reservewein erhöht.

» **Maillart Brut Rosé Grand Cru NV (Bouzy)**

Ein Verschnitt von 70 % Pinot Noir und 30 % Chardonnay, in schönem Lachsrosa, das durch Mazeration aus der Schale der roten Traube gewonnen wird. Um bei der leichten Dosage von 6 g/l den frischen, eleganten und komplexen Stil zu erreichen, wird ein wenig in Eichenfässern vergorener Wein beigegeben. Seine leichten Vanillenoten kommen teils aus der Eiche. In den reifen Fruchtaromen erkennt man die kräftigen Bouzy-Trauben.

» **Les Francs de Pieds 2003 Extra Brut Premier Cru**

Le Snob TIPP

Dieser nur in den besten Jahrgängen produzierte Wein kommt aus einer kleinen Südlage, die 1973 mit unveredelten Pinot Noir-Stöcken bepflanzt wurde. Er gärt in Eichenfässern mit *batonnage*, einem aufgerührten Hefesatz. Die malolaktische Gärung wird blockiert, damit er seine Frische bewahrt. Er wird ungefiltert, mit einer Dosage von nur 2 g/l abgefüllt. Mit intensiven Aromen reifer Früchte, Noten von Mandel und reichlich Karamell ist er ein reiner, ausdrucksstarker, durch sein Terroir geprägter Wein.

» **Premier Cru Brut NV Platine**
Diese Cuvée besteht aus 80 % Pinot Noir und 20 % Chardonnay. Je nach Ernte enthält sie zwischen 30 und 40 % Reservewein, der in Eiche gealtert wird, was ihm die relativ niedrige Dosage von 7 g/l ermöglicht. Er hat eine feine Mousse aus beständigen Bläschen. Sein Stil ist streng, sauber, frisch und voller Leben, mit Grapefruit- und Zitrusnoten, Intensität und einem langen, sauberen Abgang.

Bérèche et Fils

Le Craon de Ludes, Ludes

Tel: +33 3 26 61 13 28
www.champagne-bereche-et-fils.com

Die Familie Bérèche besitzt 9,3 Hektar in sechs verschiedenen Crus, das meiste davon in der sogenannten Petit Montagne de Reims. Sie behandeln ihre Böden mit Respekt, verzichten auf Chemie, pflügen zwischen den Rebstöcken mit Pferden und steigern schrittweise den biologischen Anbau. Bei der Weinherstellung verfolgen sie einen nicht-interventionellen Ansatz: sie nutzen natürliche Hefen für die erste Gärung, die teils in Eiche stattfindet, arbeiten ohne Säureabbau oder Filterung und mit einer niedrigen Dosage. Bei der Produktion von 85.000 Flaschen ist ihre Rendite in der Regel wesentlich niedriger als sonst in der Champagne.

» **Extra Brut Réserve NV**
Die Reinheit des Geschmacks der Bérèche-Weine ist bei diesem Extra Brut-Stil mit nur 2 g/l Dosage besonders auffällig. Seine mineralische Note ist klar, die feine Textur zeigt Noten getrockneter Früchte und

etwas leicht Bitteres im Abgang. Er ist ein Verschnitt von Chardonnay, Pinot Meunier und Pinot Noir, der zu 15 % in Eiche vergoren ist. Die 30 % Reserveweine stammen aus den beiden vorangegangenen Ernten. Bevor er auf den Markt kommt, altert er noch ein zusätzliches Jahr.

» **Reflet d'Antan**

Der teuerste Wein von Bérèche ist rund ein Jahr in Fässern gealtert und danach 18 Monate auf Feinhefe in Tanks gereift. Seit 1985 wird er mithilfe ihrer Art des Solera-Systems (siehe Seite 90) hergestellt. Die aktuelle Cuvée hat einen 2004er-Grundwein und einen kleinen Anteil sehr alten Reserveweins, der 25 Jahre alt ist. Obwohl Extra Brut im Stil (6 g/l), hat dieser Wein – der mehr Wein als Champagner ist – sich vollmundig, reich und komplex entwickelt, mit ausgeprägten Aromen von Hefe, einer sehr cremigen Textur und einer pikante Note im Abgang.

Dehours & Fils

2 Rue de la Chapelle, Cerseuil

Tel: +33 3 26 52 71 75, www.champagne-dehours.fr

In vierter Generation stellt Jérôme Dehours zusammen mit seinem Schwager Jean-Marc Laisne eine Reihe feiner Weine her. Jérôme verwendet eine *réserve perpétuelle* (siehe Seite 90), die er 1998 mit fünf jahrgangslos verschnittenen Weißweinen aus drei Rebsorten angelegt hat, um daraus den Trio „S" Brut zusammenzustellen. Außerdem produziert er zwei Jahrgangschampagner aus Einzellagen, einen Blanc de Noirs sowie einen Dreifachverschnitt von zwei Parzellen in Mareuil-le-Port.

Im Detail

Unterschiedliche Verfahren im Umgang mit Reserveweinen

» Das Solera-System

Einige Reserveweine werden auf eine Weise behandelt, die dem bei der Herstellung von Portwein und Sherry eingesetzten Solera-System ähnelt. Bei der einfachsten, in der Champagne eingesetzten Variante wird ein für die Reserve bestimmter Wein mit einer bestimmten Menge des Vorjahresweins verschnitten. Dies fügt dem für die Reserve bestimmten Wein Nuancen hinzu. Mit jedem Jahr, in dem der Vorgang wiederholt wird, wird der Wein komplexer. Bruno Paillard und Philipponnat setzen dieses Verfahren bei ihren wichtigsten Cuvées ein.

Andere Hersteller haben das System zu dem weiterentwickelt, was man *réserve perpétuelle* nennt. Hierbei kommen mehrere Fässer zum Einsatz, die Weine unterschiedlichen Alters enthalten: Für jede neue Cuvée wird die aktuelle Ernte mit einer bestimmten Menge Reservewein aus dem letzten Fass verschnitten. Das letzte Fass wird mit Wein aus dem vorangehenden Fass aufgefüllt. Dies wird fortgesetzt bis zum ersten Fass, bei dem die fehlende Menge mit einem Teil des Verschnitts von neuer Ernte und letztem Fass ersetzt wird.

» **La Côte en Bosses à Mareuil-le-Port 2004 Extra Brut**
Dies ist genau die Art von Wein, die Aufmerksamkeit auf die kleine Gruppe innovativer Qualitätswinzer lenkt. Ein außergewöhnlicher Verschnitt von alten, in kleinen Eichenfässern vergorenen Weinen aus den drei wichtigen Rebsorten. 2004 wurden nur 2.681 Flaschen hergestellt, die im Januar 2010 mit einer Dosage von 4 g/l degorgiert wurden. Ein komplexer, gut entwickelter Wein, mit Gewicht und Intensität am Gaumen, lebendig und kräftig.

» **Maisoncelle Mareuil-le-Port 2004 Extra Brut**
Dieser Wein stammt aus einer kleinen Parzelle mit altem Pinot Noir sowie etwas unveredeltem Pinot Meunier. 2004 wurden 3.047 Flaschen produziert, welche 2010 mit einer Dosage von 3 g/l degorgiert wurden. Zu Beginn frisch und zitronig, hat er eine Kochsalznote, mineralische Qualität und pikante Kraft, was ihn deutlich aus der Masse hebt.

Montagne de Reims

Vilmart & Cie

5 Rue des Gravières, Rilly-la-Montagne

Tel: +33 3 26 03 40 01, www.champagnevilmart.fr

Vilmart ist einer der Winzer, deren Weine in den frühen 1990er Jahren auch außerhalb Frankreichs einen guten Ruf hatten. Heute zieht das entsprechende Preise nach sich. Das Haus liegt in der schönen und ruhigen Gegend von Rilly-la-Montagne im Norden der Montagne de Reims und wird von Laurent Champs geführt. Die über 11 Hektar großen Weinberge in Premiers Crus-Lagen sind mit 60 % Chardonnay, 37 % Pinot Noir und 3 % Pinot Meunier bepflanzt und werden weitestgehend biologisch bewirtschaftet.

» **Grand Cellier Brut NV**

Der von Chardonnay dominierte Grand Cellier ist ein Jahr länger gealtert und ausdrucksvoller als der auf Pinot Noir basierende Grand Réserve. Neben energischen Perlen verfügt er über eine ausgeprägte Würze, sehr exotische Frucht, Fülle und beeindruckende Konzentration.

» **Coeur de Cuvée 2000**

Le Snob TIPP

Dieser Wein wird aus 80 % Chardonnay und 20 % Pinot Noir hergestellt. Obwohl er in neuen und einem Jahr alten *barriques* (Eichenfässern) reift, wirkt die Eiche dezent. Er stammt aus den zwei besten Weinbergen und von den ältesten Reben des Hauses, was sich in beeindruckender Frische und Finesse sowie einem deutlichen, langen Abgang zeigt. Mit zunehmendem Alter wird er sich weiterentwickeln.

Paul Déthune

2 Rue du Moulin, Ambonnay

Tel: +33 3 26 57 01 88
www.champagne-dethune.com

Das Ehepaar Pierre und Sophie Déthune bewirtschaftet seine 7 Hektar Rebfläche in Ambonnay nachhaltig. Ihre reizvollen Weine sind ein gutes Beispiel für die wieder an Bedeutung gewinnende, vollständige oder teilweise Gärung und Alterung in Eiche. Dies bringt sehr schön die Üppigkeit und Fülle der Weine aus Ambonnay zum Ausdruck, nicht zuletzt dank des gezielten Einsatzes lokaler Eiche.

» **Grand Cru Blanc de Noirs**
Obwohl nicht als Jahrgangswein deklariert, stammt er doch vollständig aus der 2006er-Ernte. Er ist in Eichenfässern vergoren und gereift. Reich und rund, dabei nicht schwer, zeigt er reizvolle Noten von Honig und Bienenwachs sowie tief gehende rote Beeren.

» **Brut Prestige**
Ein 50 zu 50 Verschnitt Chardonnay und Pinot Noir aus der 2002er-Ernte, zu rund 25 % aus Reserveweinen. In der Nase hat er Aromen von geröstetem Brot und getrockneten Früchten. Die Textur ist verführerisch weich und cremig, mit Noten von Vanille und würzigem Lebkuchen. Das alles verdankt er dem Pinoté genannten Chardonnay aus Ambonnay, der üppige, pralle Trauben hat und Eigenschaften des Pinot Noir zeigt.

Rodez

4 Rue de Isse, Ambonnay

Tel: +33 3 26 57 04 93
www.champagne-rodez.fr

Nach der Arbeit mit anderen Winzern kehrte Eric Rodez 1982 in den Familienbetrieb zurück. Dort brachte er viele Veränderungen auf den Weg. Die 6,5 Hektar große Rebfläche im Grand Cru von Ambonnay, mit 55 % Pinot und 45 % Chardonnay bepflanzt, bewirtschaftet er mit minimalem Einsatz von Chemie. Alle 35 Parzellen bebaut er getrennt, was ihm viele Verschnittmöglichkeiten eröffnet.

» **Rodez Cuvée des Crayères Brut NV**
Zu gleichen Teilen aus Chardonnay und Pinot Noir, ist dies vor allem ein Verschnitt von sechs Ernten:

Crémant-Stil

Um die zweite Gärung von Schaumweinen auszulösen, bei der sich die Perlen bilden, wird die noch stille Cuvée in der Flasche mit einer Lösung aus Hefe, Zucker und Nährstoffen versetzt. Die Menge des Zuckers bestimmt die Menge der entstehenden Kohlensäure und damit die Stärke der Perlenbildung. Die meisten Champagner sind mit einem Druck von fünf bis sechs Atmosphären voll *mousseux*. Manche Champagner werden jedoch absichtlich im Crémant-Stil mit einem geringeren Druck hergestellt. Der Mumm de Cramant beispielsweise hat mit 3,6 Atmosphären eine weniger starke Perlenbildung und neigt zu einem weicheren, cremigeren Geschmack.

überwiegend aus 2004, aber auch 2003, 2002 und Anteile aus 2001, 2000 und 1999. Ein gut entwickelter Stil mit floralen Noten und etwas Honigsüße.

» **Rodez 2000 Millésimé**
Ein 50 zu 50 Pinot Noir-Chardonnay, zu 80 % in Eichenfässern ausgebaut. Er hat er ein schönes, sattes Gold, ist überraschend frisch und hat einen sauberen, strahlenden Abgang. Die gut eingebaute Eiche stützt ihn dezent.

» **Rodez Grand Vintages**
Ein komplexer, komplett im Fass ausgebauter Verschnitt mit abnehmenden Anteilen der sieben besten neueren Jahrgänge: 2000, 1999, 1998, 1996, 1995, 1993, 1992. Ein reicher, weinartiger Stil mit einer schönen, seidigen Textur und zugleich angenehmer Frische.

Roger Brun

10 Rue St. Vincent, Aÿ

Tel: +33 3 26 55 45 50
www.champagne-roger-brun.com

Dieses ausgezeichnete Weingut liegt im Zentrum des bedeutenden Grand Cru-Dorfs. Es wird von dem freundlichen und charismatischen Philippe Brun geführt, der eine der wichtigsten Keltereien in Aÿ betreibt. Philippe gewinnt aus den in Aÿ gelegenen Weinbergen hervorragende, aromatische, charaktervolle Champagner.

» **Aÿ Grand Cru Brut NV**
Ein Blanc de Noirs aus dem Grand Cru von Aÿ, mit Struktur und Finesse. Die in seiner Jugend frische, reine Frucht verrät seine Herkunft. Er eignet sich für

zusätzliche Lagerung, da er mit mehr Zeit Reichtum und Komplexität entfalten kann.

» **Cuvée des Sires 99/00**

Einer von Bruns Top-Cuvées, ein Verschnitt von Aÿ-Pinot Noir – rund 70 % – und Chardonnay aus einigen seiner besten Lagen. Immer aus zwei Jahrgängen gemischt, wird er in alten Eichenfässern ausgebaut und erst nach mindestens fünf Jahren in der Flasche auf eigener Hefe degorgiert. Er hat eine niedrige Dosage von 8 g/l, ist jugendlich frisch mit Noten von Zitrusfrüchten und Honig. Nach einigen Jahren entwickelt er herrliche Röstaromen. Ein erstklassiger Champagner, der auf der Zunge zergeht und den man genießen sollte.

» **Cuvée des Sires La Pelle 2002**

Le Snob TIPP Dieser erhabene, nur in den besten Jahren hergestellte Wein stammt aus einer 0,66 Hektar kleinen Parzelle in der Nähe des Friedhofs in Aÿ. Er ist teils in Eichenfässern gereift und hat eine Dosage von nur 3 g/l. Reif, reich und kräftig strukturiert, mit deutlichen, mineralischen Elementen, ist dies ein komplexer, vielschichtiger Wein mit großer Länge.

Vallée de la Marne

René Geoffroy

4 Rue Jeanson, Aÿ

Tel: +33 3 26 55 32 31
www.champagne-geoffroy.com

Früher im Premier Cru-Dorf Cumières ansässig, wo sich die 14 Hektar Rebfläche der Familie befinden, hat Jean-Baptiste Geoffroy heute ein neues Weingut in der Nähe von Aÿ. Dieser leidenschaftliche Winzer ist begeistert von der Qualität des Mosts, den er dort mit zwei traditionellen, die Schwerkraft nutzenden Pressen gewinnt. Sie ermöglichen es ihm, kleine Mengen Wein getrennt zu halten, was wiederum die Optionen für den Verschnitt steigert.

» **Cuvée Empreinte NV**

Der Verschnitt variiert von Ernte zu Ernte. Der Großteil ist immer Pinot Noir, der mindestens zur Hälfte – manchmal ganz – in Foudres aus Eiche reift, was Komplexität und Entwicklung des Weins fördert. Weich, reif und reich im Bouquet, verleiht ihm die Dosage von 6 – 7 g/l zudem kantige Lebendigkeit.

» **Volupté Tête de Cuvée**

Diese Cuvée aus einigen der ältesten Weinberge des Hauses in Cumières ist normalerweise ein Verschnitt von 75 % Chardonnay und 25 % Pinot Noir. 2005 waren es 100 % Chardonnay – 50 davon in Foudres, 50 in Barrique-Fässern ausgebaut. Nach vollen, reifen Früchten folgen eine lebhafte Grundsäure und ein frischer Abgang.

» **Millésimé 2000 Extra Brut**

Auch in dieser Extra Brut-Cuvée überwiegt Chardonnay. Sie ist zu 100 % in gebrauchten Burgunder-Eichenfässern gereift und hat eine Dosage von nur 2 g/l. Diese Cuvée ist am Anfang zurückhaltend und braucht Zeit, um sich im Glas zu öffnen. Dann aber enthüllt sie einen vollen, reichen Gaumen, eine kalkhaltige, mineralische Note und einen beeindruckend langen Abgang.

Champagne Bruno Michel

4 Allée de la Vieille Ferme, Pierry

Tel: +33 3 26 55 10 54

Bruno Michel ist Spezialist für Pinot Meunier – wie schon sein Vater, José Michel, der für seine Sammlung von älteren Jahrgängen berühmt war, obwohl er auch Chardonnay und Pinot Noir anbaute. Bruno bewirtschaftet die rund 15 Hektar Rebfläche vor allem organisch. Seine Weine reifen teils in Eiche (die Jahrgangs-Cuvées vollständig) und teils in Edelstahl. Seine Reserveweine lagert er in Eichenfässern.

» Cuvée Blanche

Dieser Einsteigerwein ist ein Verschnitt von 50 % Chardonnay und 50 % Pinot Meunier, momentan aus der 2004er-Ernte mit 30 % Reservewein aus 2003. Er ist sanft, weich und rund, aber auch sehr frisch und energiegeladen. Ein Stil, der sehr angenehm zu trinken ist.

» Premier Cru Blanc de Blancs Brut NV

Ein reizvoller Wein, der Frische, Fülle und Komplexität vereint. Er besteht zu gleichen Teilen aus der 2004er- und der 2003er-Ernte, die in Eiche gereift wurden. Vor Abfüllung bleibt er zehn Monate in den Fässern. Angesichts dessen ist er überraschend frisch, aber mit ansprechender Fülle im Mund und einiger Würze.

» Special Cuvée 2000

Le Snob TIPP

Zu 100 % aus einem Jahr im Eichenfass gereiftem Pinot Meunier, offenbart er Aromen eines Waldbodens nach Regen sowie eine einzigartige, trüfflige Pilznote. Seinen für einen Champagner sehr weinartigen Ausdruck verdankt er Michels besten, 50 Jahre alten Pinot Meunier-Reben.

» **Les Roses**

Dieser Rosé stammt aus einer Einzellage mit 45 Jahre alten Reben in Saint-Agnan. Er ist ein Wein von großem Charakter und großer Vielschichtigkeit, mit exotischen Aromen von reifer Mango, würzigen Elementen und einer herrlich cremigen Textur.

Côte des Blancs

Agrapart & Fils

57 Avenue Jean Jaurès, Avize

Tel: +33 3 26 57 51 38
www.champagne-agrapart.com

Pascal und Fabrice Agrapart besitzen 9,75 Hektar sehr guter Rebfläche. Die 62 separaten Parzellen liegen zum Großteil in den Grands Crus Avize, Oger, Cramant und Oiry. Beim Weinbau verwenden sie keine chemischen Pestizide oder Herbizide. Der Wein, der in Eichenfässern auf eigener Hefe reift, wird mit minimalen Eingriffen ausgebaut und nicht chaptalisiert, das heißt, ohne Zugabe von Zucker degorgiert.

» **Les 7 Crus**

Eine Mischung aus Weinen von vier Grands Crus und drei Premiers Crus aus zwei Jahrgängen – in diesem Fall 2007er- mit 2006er-Reservewein. Die Dosage beträgt nur 7 g/l. Ein Viertel reift in alten *demi muid* Eichenfässern, der Rest in Edelstahl. Das Ergebnis ist eine sanfte Cuvée mit cremigen Noten und guter, straffer Mineralität.

Weise Worte

Alistair Viner, Weinkäufer,
Harrods, London

» Der Wert von Jahrgangs-champagnern

Der meiste Umsatz wird mit jahrgangslosem Champagner gemacht. Jedoch steigt die Nachfrage nach teuren Prestige Cuvées sprunghaft an, während die Jahrgangschampagner in Vergessenheit zu geraten scheinen. Doch gerade sie bieten oft Qualität. Sie sind gute Beispiele für den Stil des jeweiligen Champagnerhauses, abhängig vom Jahr jedes Mal etwas anders. Die Weine sind meist bereits sehr ausgereift, wenn sie auf den Markt kommen, und gewinnen noch mit dem Alter. Im Moment gibt es einige feine Jahre, etwa 2002. Auch einige 1999er-Jahrgangsweine beeindrucken, wie Gosset oder Pol Rogers Blanc de Blancs, beides außergewöhnliche Weine. Nur bei Sherry lassen sich vergleichbar einfach ältere Jahrgänge finden.

Jahrgangschampagner haben zudem oft einen ausgezeichneten Preis. Während Prestige Cuvées meist über 100 Euro kosten, gibt es eine Auswahl an Topjahrgängen für 50 bis 90 Euro. Zum Beispiel Joseph Perriers Blanc de Blancs oder Jahrgangs-Rosé, beide von 2002, sind für weniger als 70 Euro zu haben.

Franck Bonville

9 Rue Pasteur, Avize

Tel: +33 3 26 57 52 30
www.champagne-franck-bonville.com

Gegründet 1937 von Franck Bonville, wird der Familienbetrieb heute von seinem Sohn Gilles und Enkel Olivier geführt. Das Weingut hat 18 Hektar Rebfläche in den Grands Crus von Cramant, Avize und Oger. Ihr Ziel ist es, die Frische und Mineralität dieser großen, kalkhaltigen Böden zum Ausdruck zu bringen.

» **Cuvée Sélection Brut NV**

Ein aufregend frischer, gut ausgebauter, mineralischer Blanc de Blancs-Stil, dem der Reservewein zusätzlich Tiefe und Vielschichtigkeit verleiht. Es ist ein reiner Grand Cru-Chardonnay. Die aktuelle Cuvée basiert zu 70 % auf der 2007er-Ernte und zu 30 % auf 2006er-Reservewein mit einer Dosage von 9,5 g/l.

» **Les Belles Voyes**

Diese Cuvée stammt aus den besten Parzellen in Oger. Vor der Abfüllung in Flaschen reift sie sieben Monate in Eichenfässern. Die Eiche verleiht ihr eine weinige Fülle und Vielfalt, sodass sie sich besonders gut zum Essen eignet.

» **2004 Grand Cru Millésimé Blanc de Blancs Brut**

Le Snob TIPP

Ein Verschnitt von den zwei Grand Cru-Dörfern Avize und Oger. Er ist frisch und ausgebaut, mit weichen Bläschen, die ihn im Mund cremig machen. Er zeigt eine entwickelte Note von Biskuit, große Ausgewogenheit und einen ausgefeilten Abgang – erstklassig. Sie werden mehr davon trinken wollen.

Claude Cazals

28 Rue du Grand Mont, Le Mesnil-sur-Oger

+33 3 26 57 52 26
www.champagne-claude-cazals.net

Der Familienbetrieb in Le Mesnil-sur-Oger wird von Delphine Cazals geführt, der Ehefrau von Olivier Bonville aus dem Haus Franck Bonville. Zu den 9 Hektar in Grands und Premiers Crus-Lage in der Côte des Blancs gehört ein 3,7 Hektar großer Clos in Oger, dessen älteste Reben in den 1950er Jahren gepflanzt wurden. Aus ihnen wird seit 1995 jährlich die Einzellage Clos Cazals gewonnen.

» Le Clos Cazals 1998

Le Snob TIPP

Dank seiner Reben und des Schutzes der Mauern erreichen die Trauben im wunderschön gelegenen Clos regelmäßig einen hohen Reifegrad. Der 1998er-Jahrgang ist ein goldfarbener, üppiger, reicher, seidig texturierter, honigsüßer Wein – ein reiner Trinkgenuss. Er ist wie polierter Sonnenschein im Glas, mit Fülle und Mundgefühl eines erstklassigen Meursaults und mit einem extrem langen Abgang. Jährlich werden nur 4.000 Flaschen und 200 Magnums hergestellt.

» **Cuvée Vive Grand Cru Extra Brut NV**
Hellgolden verströmt die Cuvée Aromen reifer Steinfrüchte wie Quitte und Honignoten. Obwohl sie eine frische Säure hat, erscheint die niedrige Dosage wegen der vollreifen Frucht fast unglaubwürdig. Sie zeigt eine buttrige Note, ein biskuithaftes Mundgefühl sowie einen Hauch von Mineralität im Abgang.

Pierre Gimonnet & Fils

1 Rue de la République, Cuis

Tel: +33 3 26 59 78 70
www.champagne-gimonnet.com

Die Blanc de Blancs-Champagner der Brüder Didier und Olivier Gimonnet sind vorbildliche Côte des Blancs-Chardonnays: intensive, mineralisch-kantige Weine voller Finesse und Eleganz. Die 26 Hektar großen Weinberge, aus denen sie entstehen, liegen zur einen Hälfte in den Grands Crus Cramant und Chouilly, zur anderen Hälfte im hoch angesehenen Premier Cru Cuis.

» **Gimonnet Cuis Premier Cru Brut NV**
Diese Cuvée hat einen 2005er-Grundwein und, um die Fülle zu steigern, Reserveweine von 2004, 2002 und 1999 – selbst Assemblagen älterer Weine. Sie hat eine leichte Dosage von 8 g/l. Prickelnd und herb mit einem gehobenen Grapefruitaroma ist dieser Champagner ein Muntermacher, der eine kalkhaltige Mineralität zeigt. Mit jedem Jahr scheint er beeindruckender zu werden.

» **Brut Gastronome 2004**
Le Snob TIPP Ein Verschnitt von Chardonnays – zu 49 % aus Chouilly, 39,8 % aus Cuis und

11,2 % aus Cramant – macht diesen Wein auf brillante Weise lebhaft. Er hat eine gute Würze und eine schön entwickelte Textur. Definitiv eine Klasse für sich.

Champagne André Jacquart

63 Avenue de Bammental, Vertus

Tel: +33 3 26 57 52 29, www.couleursdoyard.com

Im Jahr 2004 übernahmen die Geschwister Marie und Benoit Doyard dieses Weingut, das über ein 24 Hektar großes Anwesen verfügt. Sie bauten eine neue Kellerei und produzieren nur vier Champagner mit den besten Trauben aus dem Premier und Grands Crus in Vertus und Le Mesnil-sur-Oger. Die jährliche Produktion wurde auf rund 80.000 Flaschen halbiert, um die Qualität zu sichern. Ihr neues Angebot wurde

Von süß zu trocken

Noch Mitte des 19. Jahrhunderts wurde ausschließlich süßer Champagner produziert. In den vergangenen Jahren ist die Dosage der meisten Champagner im Schnitt jedoch gesunken. Mit einer Dosage von über 50 g/l ist doux der höchste Süßegrad. Während dieser Stil heute selten hergestellt wird, enthielten in den 1850er Jahren viele Weine mehr als das Doppelte. Der Wechsel hin zum Brut-Stil begann in den 1870er Jahren. Jedoch dauerte es mehr als hundert Jahre, bevor das erste größere Haus einen Zéro Dosage-Champagner auf den Markt brachte: Laurent-Perrier präsentierte den Ultra Brut 1981.

im Januar 2008 vorgestellt – alle Weine gären in Eichenfässern, die Dosage wurde auf 3 g/l reduziert, und die Etiketten der Flaschen tragen das Datum, an dem sie degorgiert wurden.

» **Brut Expérience Premier Cru NV**
Eine Mischung von Premier und Grand Cru-Chardonnay. Dieser Wein ist zum Teil in Eichenfässern vergoren. Die malolaktische Gärung wurde blockiert, was die berauschende Frische bewahrt. Er hat einen konzentrierten, mineralischen und ausgebauten Blanc de Blancs-Stil, der ihn in seiner Jugend zugänglicher macht als den Mesnil Expérience Grand Cru Brut.

» **Mesnil Expérience Grand Cru Brut NV**
Le Snob TIPP Dieser beeindruckende Champagner basiert auf der 2004er-Ernte mit rund 10 % Reservewein. Auch wenn 80 % im Fass gärten, konnte dies die Mesnil-Früchte kaum zähmen. Als er erstmals auf den Markt kam, war der Wein geradlinig und strahlend mit erkennbarer Fülle und mineralischer Kraft. Nach weiteren Jahren der Reife hat er sich nun entfaltet und ist komplex, ausdrucksstark und aromatisch mit Röst- und Rauchnoten und einem langen, entwickelten Abgang.

Larmandier-Bernier

19 Avenue du Général de Gaulle, Vertus

Tel: +33 3 26 52 13 24, www.larmandier.fr

Obwohl er der anerkannteste und am meisten bewunderte Winzer der ganzen Champagne ist und seine Weine weltweit von Kritikern gelobt werden, bleibt Pierre Larmandier ausgesprochen bescheiden. Seine

Weinberge bewirtschaftet er biologisch. Für die Gärung und Lagerung der Grundweine nutzt er Eichenfässer und Foudres. Die Weinherstellung wird akribisch und mit Liebe zum Detail betrieben – und die Weine sind allesamt atemberaubend.

» **Tradition Premier Cru Vertus NV**

Mit 85 % Chardonnay und 15 % Pinot Noir ist er weniger Pinot Noir-lastig als in der Vergangenheit. Der Grundwein stammt aus dem Jahr 2007. Die 30 % Reservewein sind aus einer Art Solera-System, in dem die Weine – der älteste aus der 2002er-Ernte – teils in Eichenfässern lagern. In der Nase ist er reif und voll, hat reine Fruchtaromen und eine Dosage von nur 4 g/l. Zugleich ist er vielschichtig, hat Mineralität und eine salzige Note auf der Zunge.

» **Terre de Vertus Premier Cru (non-dosé)**

Le Snob TIPP

Dieser Wein stammt aus zwei Hanglagen in Vertus, deren individuelle Qualitäten Pierre selbst bei Blindverkostungen erkennt. Zitronengelb mit goldenen Glanzpunkten, hat er reife, entwickelte Aromen, explosive Frische, ist reichhaltig und hat eine deutliche, biskuithafte Textur. Er ist eindrucksvoll, kräftig, komplex und bleibt lange im Mund.

» **Blanc de Blancs Premier Cru Vertus NV Extra Brut**

Er ist von den Aromen her anders, hat nicht die Vielschichtigkeit, dafür aber reife Früchte und eine frühe würzige Note. Er ist angenehm frisch, doch der

Schwerpunkt liegt mehr auf der Mineralität. Er hat einen cremigen Gaumen und eine biskuithafte Textur, einige honigsüße Noten und einen langen Abgang. Mit etwas Zeit wird er mehr Vielfalt entwickeln. Hergestellt aus dem 2007er-Chardonnay aus Vertus, das im kalkigeren nördlichen Teil des Cru liegt, wurde er mit Grand Cru-Chardonnay aus Cramant und Oger sowie einem großen Teil Reservewein gemischt.

» **Rosé de Saignée Premier Cru (Vertus)**
Er wurde ganz aus der 2007er-Ernte hergestellt, könnte also als Jahrgangswein bezeichnet werden. Mit seinem leichten Rubinrot, das er durch zwei bis drei Tage Mazeration erhält, hat er Aromen von roten Früchten, die sich im Mund zu schwarzen Früchten entwickeln. Insgesamt ist sein Stil einwandfrei und frisch.

» **Vieilles Vignes de Cramant Grand Cru 2005**
In der Nase zunächst etwas unklar und wenig offen, hat er dennoch einen reich entwickelten Körper und eine üppige, cremige Textur mit ausgeprägten Biskuitnoten. Er hat fast keine Dosage – nur 2 g/l –, aber das werden Sie nicht merken, denn er ist ein vielschichtiger, intensiver und fülliger Wein, der sich im Glas ständig ändert und erst mit etwas mehr Zeit seine Komplexität enthüllt.

» Winzergenossenschaften

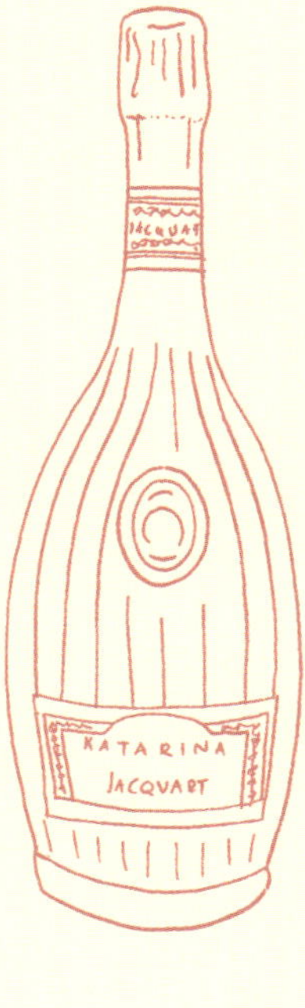

Investitionen in die Zukunft

Weniger als ein Viertel der Winzergenossenschaften verkauft fertigen Champagner. Zusammen genommen sind das nur 10 % des weltweiten Umsatzes. Dennoch sind sie sich bewusst, dass sie wettbewerbsfähig sein müssen. Zudem streben sie an, mehr hochpreisige Weine zu verkaufen, um das Einkommen ihrer Winzer zu verbessern. Daher haben die wichtigsten unter ihnen in den letzten Jahrzehnten stark in die neueste Technik investiert, sodass sie heute qualitativ hochwertige Champagner herstellen. Einige Genossenschaften hatten durch ihre Mitglieder schon immer Zugang zu den besten Trauben der Grands und Premiers Crus. Heute besitzen sie auch das Know-how und die Ausstattung, um dieses Potenzial zu nutzen.

Reims

De Castelnau

5 Rue Gosset, Reims

Tel: +33 3 26 77 89 00
www.champagne-de-castelnau.eu

Die Marke De Castelnau wird von der Coopérative Régionale des Vins de Champagne (CRVC) aus Reims produziert. Ihre circa 640 Winzer besitzen 825 Hektar Rebfläche, mehr als die Hälfte in Grands und Premiers Crus. Neben diesen Spitzenlagen gehört auch einer der angesehensten Winzer der Champagne zu dieser Genossenschaft: Richard Dailly, der sich ausgezeichnet auf das Verschneiden versteht, arbeitet seit fast 20 Jahren mit der CRVC zusammen.

» **De Castelnau Brut NV**

Dank bis zu vier zusätzlichen Jahren vor Ausgabe sowie des großzügigen Einsatzes von Reserveweinen, die Tiefe und Komplexität geben, hat diese Cuvée einen weich strukturierten, gut entwickelten Stil.

» **De Castelnau Cuvée Spéciale Millésimé 2002**

Dies ist der erste Jahrgang dieser Cuvée, die mit 61 % einen höheren Anteil Chardonnay hat als ihr jahrgangsloses Pendant. Sie profitiert von der hohen Qualität der 2002er-Ernte, die dem Wein eine reizvolle, buttrige Vielschichtigkeit, Aromen von weißem Pfirsich und Honig sowie einen langen Abgang verleiht.

» **De Castelnau Brut Rosé NV**

Le Snob TIPP

Dieser Champagner ist fruchtig und in einem weichen, cremigen Stil gemacht. Er ist einer der am angenehmsten zu trinkenden Rosés auf dem Markt, mit einem guten Preis-Leistungs-Verhältnis.

Jacquart

34 Boulevard Lundy, Reims

Tel: +33 3 26 07 88 40
www.champagne-jacquart.fr

Jacquart-Champagner werden von der Alliance Champagne hergestellt. An ihr sind wiederum drei Genossenschaften aus unterschiedlichen Regionen der Champagne beteiligt: Eine hat ihren Sitz in Château Thierry im Westen nahe Paris, die andere sehr zentral in Aÿ und die dritte in der südlichsten Ecke der Côte des Bar, nahe Troyes. Die insgesamt 2.300 Hektar großen Weinberge der Mitglieder liegen über die gesamte Champagne verteilt. Beim Verschnitt der Jacquart-Cuvées kann die Alliance daher auf eine Vielzahl unterschiedlicher Stillweine zurückgreifen.

» **Jacquart Brut de Nominee NV**

Le Snob TIPP Eine Cuvée für Kenner, ein Verschnitt von je zur Hälfte Chardonnay und Pinot Noir, mit einem schönen Gleichgewicht – Zitrusaromen setzen Höhepunkte. Mit der Zeit entwickelt sie einen üppigen Körper, behält aber auch eine gute, erfrischende Säure.

» **Jacquart Brut Grand Millésimé 2000**

Dieser opulente, röstaromatische, angenehm reife Verschnitt von 55 % Pinot Noir und 45 % Chardonnay ist nur noch in der Jacquart Oenothèque verfügbar. Es lohnt sich aber, nach dieser Cuvée zu suchen – vor allem als Magnum, deren Größe die Frische betont.

Montagne de Reims

Mailly Grand Cru

28 Rue de la Libération, Mailly

Tel: +33 3 26 49 41 10, www.champagnemailly.com

Diese Genossenschaft ist ein gutes Beispiel dafür, wie die besten unter ihnen während der letzten Jahrzehnte in die Modernisierung ihrer Kellereien investiert haben. Die Genossenschaft ist im Besitz von 77 Winzern und verfügt über 70 Hektar in Grands Crus-Lage, von denen drei Viertel mit Pinot Noir bepflanzt sind, der Rest mit Chardonnay. Sie stellt hauptsächlich von Pinot Noir geprägte Weine her, die vielschichtig, vollmundig und kraftvoll sind, aber Zeit brauchen, um sich von ihrer besten Seite zu zeigen.

» **Extra Brut**

Diese Cuvée, ein Verschnitt von 2005er-, 2004er- und 2003er-Ernte, hat keine Dosage und braucht zusätzliche Reifezeit vor der Ausgabe. Selbst mit dem Flaschenalter von fünf Jahren ist sie noch lebendig und frisch, mit mineralischer Note und langem, feinem, linearem Abgang.

» **Les Enchansons Millésimé 1999**

Le Snob TIPP An der Spitze des beeindruckenden Sortiments steht diese wunderbar konzentrierte, von Pinot Noir bestimmte Cuvée. Sie hat eine goldene Farbe und ist verführerisch vielschichtig. Bei guter Lagerung hat sie ein langes Leben vor sich. Sie besteht zu drei Teilen aus Pinot Noir und

» Der Einfluss der Eiche

Früher bauten die meisten Häuser ihre Weine in Eichenfässern aus. Seit den 1960ern ist jedoch Edelstahl die Norm. Nur noch traditionelle Häuser wie Alfred Gratien, Bollinger und Krug ebenso wie kleinere, qualitätsbewusste Häuser und die Winzer der neuen Generation setzen bei der ersten Gärung Eiche ein. Teils lassen sie die Weine auch darin altern.

Die Gärung in Eichenfässern führt nicht unbedingt zu eichigen Aromen. Meist werden alte Fässer verwendet, die kein Aroma mehr abgeben. Zudem ist bei 2000-Liter-Foudres und größeren Fässern das Verhältnis von Holzfläche zur Menge an Wein gering.

Eiche ist vor allem deshalb so interessant, weil sie den Wein mit Luft in Berührung bringt und somit die sogenannte Mikrooxigenation ermöglicht. Hat der Wein die Struktur und die Persönlichkeit, um damit umzugehen, entwickelt er zusätzliche Aromen, mehr Geschmack und Vielschichtigkeit. Außerdem wird er weniger anfällig für Oxidation.

einem Teil Chardonnay und stammt aus einigen der besten und ältesten Weinberge. Ein Wein von großer Komplexität.

» **Exception Blanche Millésimé 1999**
Eine Rarität: ein Jahrgangs-Blanc-de-Blancs-Stil, der Chardonnay aus Mailly mit einem aus der Genossenschaft Les Viticulteurs d'Avize kombiniert. Der Reichtum und die Fülle aus Mailly zusammen mit der Kraft und Intensität aus Avize bringen einen durchdringenden und lebendigen Wein hervor. Er zeigt Noten von Blumen und Zitrusfrüchten, gibt aber bisher nur eine Idee von der Vielfalt preis, die das Alter ihm verleihen wird. Er braucht Speisen wie Hummer oder Krebse, um sich von seiner besten Seite zeigen zu können.

Coteaux Champenois

In der Champagne wird eine geringe Menge Stillwein hergestellt. Dieser Coteaux Champenois genannte Wein ist hauptsächlich Rotwein, der außerhalb der Region schwer zu bekommen ist. Er wird hauptsächlich von kleinen Winzern in Cru-Dörfern wie Bouzy, Aÿ, Ambonnay oder Cumières produziert, wo die meisten roten Trauben angebaut werden. In warmen Jahren, wenn die Trauben besonders reif sind, ist er am besten. Dann erinnert er an einen leichten, fruchtigen Burgunder. Kritiker halten ihn jedoch für zu dünn und säuerlich. Dies zeigt einmal mehr, weshalb man sich in der Champagne auf Schaumwein spezialisiert hat.

Vallée de la Marne

Beaumont des Crayères

64 Rue de la Liberté, Mardeuil

Tel: +33 3 26 55 29 40
www.champagne-beaumont.com

Beaumont des Crayères ist die Marke einer mittelgroßen Genossenschaft mit Sitz in Mardeuil auf der Nordseite der Vallée de la Marne. Die meisten der 200 Mitglieder sind Teilzeitwinzer, die ihre Reben – insgesamt über 86 Hektar – an Wochenenden und Feiertagen pflegen. Das Sortiment der Marke beinhaltet charaktervolle Weine, deren Höhepunkt der Nostalgie-Jahrgangschampagner ist.

» **Grande Réserve Brut NV**
Der hohe Anteil Pinot Meunier in diesem Champagner akzentuiert die Fruchtaromen roter Beeren und macht ihn zu einem angenehm frühreifen, geschmeidigen Wein mit nussiger Note im Abgang.

» **Fleur Noir 2003 Brut**
Ein Blanc de Noirs aus der edlen und sehr reifen 2003er-Ernte, eine Mischung aus 70 % Pinot Noir und 30 % Pinot Meunier. Ein echter Charmeur, sehr fruchtig, mit saftigen roten Beeren, einer erfrischenden Säure und einer cremigen, verführerischen Textur.

» **Nostalgie Brut 1999**
Le Snob TIPP Diese Spitzen-Cuvée aus 65 % Chardonnay und 35 % Pinot Noir ist von beeindruckender Qualität. Von Experten als „Mini-Krug“

betitelt, zeigt sie zunächst eine Quittenfrucht und eine butterweiche Textur mit pikanten, röstaromatischen Noten. Für seine Beurteilung sollte man sich Zeit nehmen – denn wenn sie sich im Glas öffnet, wird sie besser und besser.

Pannier

23 Rue Roger-Catillon, Château-Thierry

Tel: +33 3 23 69 51 30
www.champagnepannier.com

Champagne Pannier wurde 1899 von Louis Eugène Pannier in Dizy nahe Épernay gegründet. 1937 kaufte sein Sohn mittelalterliche Keller in Château-Thierry und zog mit dem Weingut dorthin. 1974 wurden das Unternehmen und die Marke an die Genossenschaft COVAMA verkauft. Diese baut heute genug Trauben an, um über vier Millionen Flaschen pro Jahr abzufüllen. COVAMA, die zu Alliance Champagne gehört, ist auch an der Herstellung von Jacquart-Champagnern beteiligt.

» **Égérie de Pannier Rosé de Saignée Brut NV**

Le Snob TIPP

Diese Rosé-Cuvée hat ein sehr hübsches Blassrosa und zeigt in der Nase Noten von frischen Himbeeren. Sie hat einen zarten, harmonisch ausgewogenen Geschmack mit einem cremigen Mundgefühl. Ein äußerst angenehmer und stilvoller Rosé, zart und doch intensiv.

» **Égérie de Pannier Extra Brut 2000**

Die Reife deutet sich schon in seinem satten Gold an. Er hat Aromen von Steinfrüchten und eine volle, weiche, saftige Textur sowie pikante Mokkanoten.

Weise Worte

Mark Jenner, Bar-Manager,
Coburg Bar, London

» Champagnererfahrungen

Champagner erzeugt ein Gefühl, eine perfekte Mischung von Geheimnis und Überraschung, und verzaubert so seit Generationen. Man sollte ihn sorgsam und respektvoll behandeln, so wie es etwas Seltenem gebührt.

Das Glas ist sehr wichtig. Ich habe mich für Riedel-Gläser entschieden: das Cuvée Prestige-Glas für die meisten jahrgangslosen Champagner und für jene, die etwas älter und reifer sind; das Sauvignon Blanc-Glas, um die ganze Fülle des Ausdruck und den Reichtum an Aromen eines Champagners zur Geltung zu bringen.

Beschaffung und Lagerung sind essenziell, besonders bei sehr seltenen Jahrgängen. Die Herkunft muss sich bis zurück ins Champagnerhaus verfolgen lassen, denn teilweise wie Waren gehandelte Spitzenchampagner sind manchmal um den ganzen Globus gereist. Die beste Art der Lagerung bieten spezielle Systeme von EuroCave. Sie halten konstant eine Temperatur von 7 bis 8 °C – wie in den Kellern, in denen diese Weine entstanden sind.

Côte des Blancs

Nicolas Feuillatte CVC

Chouilly, Épernay

Tel: +33 3 26 59 55 50
www.feuillatte.com

Feuillatte-Champagner werden von der größten Genossenschaftsvereinigung der Champagne mit Sitz in Chouilly hergestellt. Den 4.900 Mitgliedern gehört fast ein Fünftel der Weinberge der gesamten Region, was Chef de Cave Jean-Pierre Vincent viele Möglichkeiten zum Experimentieren gibt. Mit Trauben aus 13 der 17 Grand Cru-Weinberge gelingt es ihm, gute Einzellagenweine sowie einen Grand Cru Pinot Noir und einen Grand Cru Chardonnay herzustellen. Unter dem Label Cuvée 225 gibt es zudem zwei in Eichenfässern gereifte Weine. Während der wichtigste jahrgangslose Champagner zu den fünf meistverkauften weltweit gehört, sind die oft nur in kleinen Mengen hergestellten Weine die wirklich spannenden.

» **Cuvée Palmes d'Or 1999**

Le Snob TIPP Dieser Jahrgang steht mit seiner Eleganz und seiner kalkhaltigen Mineralität in starkem Kontrast zu dem üppigeren, vollmundigen 1998er. Er ist ein Verschnitt von 50 zu 50

Pinot Noir-Chardonnay. Der Chardonnay-Anteil enthält feine Zitrus-Chardonnays aus den Côtes de Blancs Grands Crus-Dörfern Chouilly, Cramant und Le Mesnil-sur-Oger sowie Chardonnay aus Montgueux mit reichen, reifen, tropischen Fruchtnoten. Dies macht die 1999er-Cuvée insgesamt sehr kräftig.

» **Cuvée 225 Vintage Rosé 2004**
Zu gleichen Teilen eine Mischung Chardonnay und Pinot Noir, enthält er zudem 15 bis 20 % Rotwein für sein feines, kupferfarbenes Rosé. Dieser Rosé mit seiner Erdbeernote ist im Sortiment das Pendant zur weißen Cuvée 225. Wie diese wurde er vollständig in Eichenfässern vergoren. Doch trotz seines charakteristischen, gewichtigen, würzigen Stils mit Noten von Vanille ist er weder offensichtlich eichig noch schwer. Denn der Anteil an Crus-Weinen hat die Mischung gut im Griff.

Le Mesnil Cooperative

58 Grande-Rue, Le Mesnil-sur-Oger

Tel:+33 3 26 57 53 23
www.champagnelemesnil.com

Diese Genossenschaft hat ihren Sitz im Herzen des Grand Cru-Dorfs Le Mesnil-sur-Oger. Sie hat circa 500 Mitglieder, die zusammen 305 Hektar Rebfläche besitzen. Hauptsächlich produziert sie ausgezeichnete Stillweine, die sie an die großen Häuser verkauft. Aus den 25 Hektar großen, besten Lagen ihrer Mitglieder in Le Mesnil stellt sie jedoch kleine Mengen eines Blanc de Blancs-Champagners her, den sie selbst verkauft.

» **Le Mesnil Brut 2004**

Diese noch junge Chardonnay-Cuvée aus der guten 2004er-Ernte ist vom Stil her großzügiger und voller als andere Blanc de Blancs. Dabei fehlt es ihr jedoch nicht an Kanten oder Konzentration. Mit der Zeit wird sie zunehmend größere Komplexität entwickeln.

Union Champagne

7 Rue Pasteur, Avize

Tel: +33 3 26 57 94 22
www.union-champagne.fr

Die 1.800 Mitglieder dieser Genossenschaft besitzen in der Côte des Blancs die größte Fläche Grands Crus (800 Hektar) und Premier Crus (400 Hektar). Der überwiegende Teil der Trauben wird an große Häuser verkauft. Unter der Marke De Saint produziert und vermarket sie jedoch selber eine Reihe Blanc de Blancs-Champagner von durchweg konstanter Qualität.

» **Cuvée Orpale Blanc de Blancs 1998**

Le Snob TIPP

Eine Mischung der wohl vier besten Grands Crus-Dörfer in der Côte des Blancs: Avize, Cramant, Oger und Le Mesnil-sur-Oger. Rein, mineralisch, mit einer unverwechselbaren und durchdringenden zitronigen Note, ist er ein schönes Beispiel für den Stil der Genossenschaft. Er ist ein vorzüglicher Wein, der sich lange halten wird.

» Besitzen

Champagner kaufen

Wenn Sie eine bestimmte Flasche haben möchten oder etwas suchen, das noch ein paar Jahre lagern kann, können gute Verkäufer und Experten Ihnen helfen. Sie können Ihnen sagen, welcher Wein sich wie entwickelt und wann er seinen Höhepunkt erreicht. Nach bestimmten Champagnern müssen Sie unter Umständen länger suchen. Doch weltweit gibt es gute Händler, von denen viele auch eine Internetseite haben:

EUROPA

C Comme Champagne
8 Rue Gambetta, Épernay, Frankreich
Tel.: +33 3 26 32 09 55, www.c-comme.fr

La Cave des Filles
463 Avenue du Général Leclerc, Dizy, Frankreich
Tel.: +33 32 26 54 78 38, www.lacavedesfilles.com

La Vinocave
43 Place Drouet d'Erlon, Reims, Frankreich
Tel.: +33 3 26 40 60 07

La Cave d'Erlon
40 Place Drouet d'Erlon, Reims, Frankreich
Tel.: +33 3 26 47 44 44

Cellier Saint-Pierre
1 Place Saint-Pierre, Troyes, Frankreich
Tel.: +33 3 25 80 59 25, www.celliersaintpierre.fr

Alsterhaus
Jungfernstieg 16–20, Hamburg, Deutschland
Tel.: +49 40 359010, www.alsterhaus.de

Feinkost Dallmayr
Dienerstraße 14–15, München, Deutschland
Tel.: +49 89 21350, www.dallmayr.de

Feinkost Käfer
Prinzregentenstraße 73, München, Deutschland
Tel.: +49 89 41680, www.feinkost-kaefer.de

Entrepôt du Vin
Fasanenstraße 42, Berlin, Deutschland
Tel.: +49 30 88551727, www.entrepot-du-vin.de

Galeries Lafayette
Friedrichstraße 76–78, Berlin, Deutschland
Tel.: +49 30 209480, www.galerieslafayette.de

Harrods
87–135 Brompton Road, London, UK
Tel.: +44 207 730 1234, www.harrods.co.uk

Fortnum & Mason
181 Piccadilly, London, UK
Tel.: +44 207 734 8040, www.fortnumandmason.com

Selfridges
400 Oxford Street, London, UK
Tel.: +44 113 369 8040, www.selfridges.com

Berry Bros & Rudd Limited
3 St James's Street, London, UK
Tel.: +44 800 280 2440, www.bbr.com

VEREINIGTE STAATEN

Astor Weine
399 Lafayette Street, New York, USA
Tel.: +1 212 674 7500, www.astorwines.com

K & L Weine
3005 El Camino Real, Redwood City, USA
Tel.: +1 650 364 8544, www.klwines.com

INTERNETSEITEN

www.winecommune.com

www.champagnewines.com

www.winebid.com

www.munichwinecompany.com

www.spectrumwine.com

www.brentwoodwine.com

www.thewinesociety.com

www.justchampagne.co.uk

Champagner sammeln

Der Markt für besondere Champagner ist nicht mit dem für Spitzen-Bordeaux vergleichbar. Wenn Sie dennoch in Champagner investieren möchten, dann sollten Sie sich auf vollständige Kisten und Magnum-Flaschen begehrter Spitzenjahrgänge konzentrieren. Als Sammlerobjekte erzielen diese höhere Preise.

Champagner als Investition

Drei Prestigemarken dominieren den Markt für sehr teuren Jahrgangschampagner: Louis Roederer mit dem Cristal, der regelmäßig die höchsten Preise erzielt; Krug an zweiter Stelle – obwohl sich der 1982er Krug fast besser verkauft als der 1982er Cristal; und Dom Pérignon, der teilweise weniger wertvoll ist, da er in sehr viel größeren Mengen produziert wird.

Die Rosé-Cuvées von Cristal und Dom Pérignon erzielen inzwischen ebenso gute Preise wie die Weißweine. Die Einzellagenchampagner Clos du Mesnil und Clos d'Ambonnay von Krug haben den höchsten vom Hersteller empfohlenen Preis. Der Erstjahrgang des Clos d'Ambonnay (1995) ist zudem seit einiger Zeit der unter Sammlern begehrteste.

Die Preise anderer Prestige Cuvées aus Spitzenhäusern können ebenfalls beachtlich sein, insbesondere für Jahrgänge, die kurz vor dem Höhepunkt ihrer Reife stehen, wie Veuve Clicquot La Grande Dame, Taittinger Comtes de Champagne und Dom Ruinart. Die 1990er Pol Roger Cuvée Sir Winston Churchill erzielte vor Kurzem bei Christie's einen höheren Preis als die 1990er La Grande Dame und Dom Pérignon.

Gute Jahrgangschampagner

Wenn Sie einen sehr guten Jahrgangschampagner kaufen möchten, um ihn zu lagern und in ein paar Jahren selbst zu genießen, finden Sie bei den reinen Jahrgangsweinen der großen Häuser sicher auch etwas Günstigeres. Die Preise für ältere Champagner sind nicht ganz so astronomisch wie beispielsweise die für erstklassigen älteren Bordeaux oder Burgunder. Die besten Champagnerjahrgänge der letzten dreißig Jahre sind 2002, 1996, 1995, 1990, 1989, 1988 und 1985. Es gibt auch einige sehr gute 1998er und 1999er sowie – wenn Sie das Glück haben, sie zu finden – hochkarätige 1982er und 1983er. Der 1981er Krug wird von der Familie selbst als einer ihrer besten Jahrgänge des zwanzigsten Jahrhunderts gesehen. In den Siebzigern sind der 1979er und 1975er hervorzuheben, in den Sechzigern der 1969er, 1966er, 1964er, 1962er und ganz besonders der 1961er.

Seltene Flaschen

Seltene Flaschen finden Sie am ehesten bei Auktionen. Abgesehen von einigen Online-Auktionshäusern befasst sich dieser Markt fast ausschließlich mit Prestige Cuvées. Zwei der besten Auktionshäuser mit Büros und Auktionen rund um den Globus sind Sotheby's (www.sothebys.com) und Christie's (www.christies.com). Aber auch einige hochkarätige Weinhändler haben eine gute Auswahl älterer Cuvées.

Champagnerlagerung

Um Champagner gut lagern zu können, brauchen Sie einen dunklen, kühlen Raum, ohne Gerüche und Vibrationen und mit nur geringen Temperaturschwankungen. Auch die Luftfeuchtigkeit ist wichtig: Ist sie zu niedrig, trocknet der Korken aus und verschließt nicht mehr richtig.

Die für die Lagerung ideale Temperatur liegt bei etwa 10–15 °C – eher jedoch niedriger bei rund 11–12 °C, so wie in den Kellern von Reims und Épernay. Die tiefen Keller bei Pol Roger sind mit circa 9,5 °C noch etwas kälter als die meisten der Champagne. Einige sehen genau dies als ausschlaggebend für die besondere Langlebigkeit von Pol Rogers Weinen. Man kann sagen: Je niedriger die Temperatur – innerhalb der Bandbreite von 10–15 °C –, desto langsamer entwickelt sich der Champagner. Doch wird ein Champagner auch bei einer Temperatur von knapp über 15 °C keinen Schaden nehmen. Solange es keine erheblichen Schwankungen gibt, wird er sich nur etwas schneller entwickeln.

Sollten sie keinen geeigneten Keller haben, können Sie sich einen Weinklimaschrank kaufen. Doch auch die Größten fassen nur ein paar Dutzend Flaschen. Eine andere Möglichkeit ist, Ihre Flaschen professionell bei einem guten Weinhändler einzulagern. Dieser Service kostet ein paar Euro pro Kiste. Es könnte eine gute Alternative sein, wenn Sie größere Mengen jungen Weins haben – würde nur Ihren Zugriff darauf etwas einschränken.

Champagner servieren

Bei einem der führenden Sommelier-Wettbewerbe müssen die Teilnehmer den Inhalt einer Magnum-Flasche zu gleichen Teilen in zwölf Gläser ausschenken. Und zwar ohne nachzugießen, etwas zu verschütten oder abzusetzen, wenn ein Glas überzuschäumen droht. Ein Ziel, das sicherlich nicht jedem erstrebenswert erscheint. Dennoch gibt es einige Richtlinien, die für ein stilvolles Genusserlebnis wichtig sind.

Die richtige Temperatur

Beim Servieren ist die Temperatur etwas niedriger als bei der Lagerung. Ideal sind 6 – 10 °C (für die besten reifen Weine 8 – 10 °C). Bei der Temperatur kann sich die Mousse langsam entfalten. Ist er zu warm, geht das Perlen schnell verloren und das Öffnen der Flasche kann sogar gefährlich sein.

Die effizienteste Art, eine Flasche zu kühlen, ist, sie für 10 bis 15 Minuten in einen Champagnerkühler mit Wasser und Eis zu legen. Ein paar Stunden in der Tür eines Kühlschranks gehen auch. Achten Sie jedoch darauf, dass er dort nicht länger als einen Tag steht. Denn sonst kann der Korken verkleben und erschwert das Öffnen der Flasche. Kühlen Sie den Wein nicht zu sehr, sonst maskiert die Kälte seine reizvollen Aromen und Geschmacksnuancen.

Das Öffnen der Flasche

Halten Sie beim Entfernen des Drahtkörbchens eine Hand auf den Korken, damit er nicht herausschießt. Nehmen Sie dann die Flasche in einem Winkel von 45 °C, mit einer Hand fassen Sie den Korken, mit der anderen den Boden der Flasche. Drehen Sie jetzt langsam die Flasche, nicht den Korken. Sobald Sie spüren, dass sich der Korken bewegt, halten Sie ihn gedrückt, sodass er langsam, „mit einem Flüstern", herauskommt. Vergewissern Sie sich, ein paar Gläser vor sich zu haben – nur für den Fall, dass der Korken etwas schneller herauskommt, als Sie es erwartet haben.

Champagner eingießen

Wenn Sie kein Sommelier werden wollen, ist es das Leichteste, erst etwas Wein in jedes Glas zu gießen und dann langsam aufzufüllen – besonders, wenn das Perlen sehr lebhaft ist. Mit einer 0,75-Liter-Flasche können Sie normalerweise sechs bis sieben Gläser füllen, sodass dem Wein genug Platz zum Atmen bleibt. Achten Sie jedoch darauf, dass die Gläser sauber sind – insbesondere Spülmittel ist der Feind der Bläschen.

Gläser

Um die Bläschen zu bewahren und die Aromen angemessen erfahren zu können, sind Champagnerflöten besser geeignet als offene, flache Champagnerschalen – in ihnen verliert sich das Perlen schnell. Flöten, die mehr eine Tulpenform haben, sind gut zur Verkostung geeignet. Für ältere Jahrgangschampagner und Prestige Cuvées sind feine Weißweingläser eine gute Alternative.

Champagner und Essen

Es ist kein Zufall, dass die meisten Champagner in Restaurants als Aperitif getrunken werden, denn Champagner regt den Appetit an. Doch passt er auch ausgezeichnet zu vielen Gerichten.

Leichtere Champagner sollten Sie zu Canapés oder einem Brunch mit geräuchertem Lachs und Rührei trinken. Zu frisch und leicht gekochten Meeresfrüchten kann man jungen, frischen Blanc de Blancs genießen. In Restaurants in Paris und Reims wird die Mineralität einiger Extra Brut- und Zéro Dosage-Cuvées mit Muscheln, Sushi und Sashimi-Gerichten zur Wirkung gebracht.

Champagner passt natürlich auch hervorragend zu Luxuriösem wie Kaviar, Hummer und foie gras. Zur Salzigkeit von Kaviar ist er ein gutes Gegenstück. Hummer hingegen braucht am ehesten den reichen Stil eines älteren Blanc de Blancs, und zu *Foie gras* passt ein qualitativ hochwertiger, süßerer Stil oder ein reifer, alter Jahrgangschampagner.

Zu Fleischgerichten, wie Tauben oder Wildgeflügel, Entenbraten oder leicht blutigem Lammkotelett, passt hervorragend ein alter, Pinot Noir-lastiger Jahrgangsrosé. Die röstaromatische Vielschichtigkeit großer, reifer Jahrgangschampagner wie eines 1988ers lässt sich perfekt mit gebratenem Steinbutt oder Bressehuhn mit Trüffel kombinieren. Und wenn Sie eine Mahlzeit mit feinem Champagner enden lassen wollen, können Sie ihn zusammen mit allen Arten von Käse genießen, vor allem aber Hartkäse wie Beaufort, Parmesan oder altem Cantal.

Champagner-Cocktails

Auch wenn manche sich gegen das Mischen von Champagner aussprechen, kann ein guter Champagner-Cocktail ohne Zweifel etwas Außergewöhnliches sein. Die kleine Auswahl enthält mit dem *Classic Champagne Cocktail* einen echten Klassiker, die anderen sind besonders feine moderne Kreationen.

Classic Champagne Cocktail

25 ml Cognac

Brauner Würfelzucker

3–4 Tropfen Angosturabitter

100 ml Champagner

Angostura vorsichtig auf den Zucker träufeln. Cognac in eine Flöte gießen, die getränkten Würfel hinzugeben, mit Champagner auffüllen.

Blushing Bubbles

10 ml pürierte Passionsfrucht

15 ml Himbeermark

100 ml Champagner

Die gekühlten Pürees vermischen und in die Flöte geben. Langsam und vorsichtig mit Champagner auffüllen, da es schäumen und überlaufen kann; mit einem langstieligen Löffel umrühren.

Weise Worte

Xavier Rousset,
Master Sommelier, Texture
Champagne Bar, London

» Champagner mit Speisen abstimmen

Wenn man den passenden Champagner zu einem Essen sucht, gilt: Zéro Dosage und Extra Brut passen gut zu leichteren Speisen, bei auf Butter basierenden Saucen ist ein Stil mit höherem Süßegrad vorzuziehen. Zu einem Risotto mit Waldpilzen sollten Sie einen Blanc de Noirs wählen, idealerweise einen älteren Jahrgang. Geringeres Perlen im höheren Alter führt zu mehr Textur und passt daher ideal zu dieser Art von erdigem, cremigem Gericht.

Bei einem jahrgangslosen Wein sollten Sie auf die Mischung der Cuvée achten: Ein Stil mit viel Chardonnay braucht Frische und Säure im Essen, während stark von Pinot dominierte Cuvées gut zu Würzigem und Erdigem passen. Bei Jahrgangschampagner sollten Sie die Kraft der Speise mit dem Stil und der Mischung des Jahrgangs in Kontrast setzen. Zu einem 1996er mit ausgeprägter Säure würde ich ein anderes Essen wählen als zu einem reifen 1989er. Rosé ist der ideale Aperitif, denn er hat oft einen knackigen, leichten und fruchtigen Stil.

French 75

15 ml Greenall Bloom Premium-Gin

5 ml frisch gepresster Zitronensaft

5 ml Gomme Sirup

100 ml Champagner

Gin, Zitronensaft und Sirup mischen, gut schütteln und in eine Flöte geben. Mit Champagner auffüllen.

Luxury Mojito

50 ml 3-jähriger Havana-Rum

4–5 Scheiben frische Limone

Eine Handvoll frischer Minze

Brauner Zucker

40 ml Champagner

Limonenscheiben, Minze und Zucker mit einem Stößel in einem Mörser gut zerdrücken, Rum und zerstoßenes Eis beigeben. In eine Flöte gießen, mit Champagner auffüllen.

Champolitain

50 ml Ketel One Wodka

50 ml Preiselbeersaft

25 ml Cointreau

Frisch gepresste Limonen

Wodka, Säfte und Cointreau in einen mit Eis gefüllten Shaker geben. Schütteln und in ein gekühltes Cocktailglas abseihen. Mit etwas Champagner auffüllen.

» Entdecken

Champagnerbars

Rund um die Welt gibt es einige Bars, die eine beeindruckende Auswahl der feinsten verfügbaren Champagner bevorraten. Wenn Sie nicht nur aus einem oder zwei Weinen sondern aus einem wirklich breiten Angebot auswählen möchten, dann sind dies einige der besten Adressen weltweit:

EUROPA

Bar 228 im Hotel Le Meurice, 228 Rue de Rivoli, Paris
Tel.: +33 1 44 58 10 66, www.lemeurice.com

Le Bar du Plaza Athénée, 25 Avenue Montaigne, Paris
Tel.: +33 1 53 67 66 60, www.bar-Plaza-athenee-paris.com

Flûte l'Étoile, 19 Rue de l'Étoile, Paris
Tel.: +33 1 45 72 10 14, www.flutebar.com

Bar München, Maximilianstraße 36, München
Tel.: +49 89 22 90 90, www.barmuenchen.com

Schumann's Bar, Odeonsplatz 6 & 7, München
Tel.: +49 89 22 90 60, www.schumanns.de

Feinkost Käfer, Prinzregentenstraße 73, München
Tel.: +49 89 41 682 61, www.feinkost-kaefer.de

Bar im Hotel Louis C. Jacob, Elbchaussee 401–403, Hamburg
Tel.: +49 40 82 25 50, www.hotel-jacob.de

Bar im Hotel Atlantic, An der Alster 72–79, Hamburg
Tel.: +49 40 288 80, www.kempinski.com

Bar im Hotel Ritz Carlton, Potsdamer Platz 3, Berlin
Tel.: +49 30 33 77 77, www.ritzcarlton.com

Hammers Weinkostbar, Körtestraße 20, Berlin
Tel.: +49 30 69 81 86 77, www.hammers-wein.de

Rutz Weinbar, Chausseestraße 8, Berlin
Tel.: +49 30 24 62 87 60, www.rutz-weinbar.de

Bar im Hotel Breidenbacher Hof,
Königsallee 11, Düsseldorf
Tel.: +49 211 16 09 00, www.capellahotels.com

Bar im Hotel Excelsior Ernst, Trankgasse/Domplatz, Köln
Tel.: +49 221 27 01, www.excelsiorhotelernst.com

Bar im Hotel am Schlossgarten, Schillerstraße 23, Stuttgart
Tel.: +49 7 11 20 26-0, www.hotelschlossgarten.com

Bubbles Champagner-Bar Sadowaja,
Triumfalnaya Straße 10/13, Gebäude 1, Moskau
Tel.: +7 495 694 69 87

Kalina Bar, Novinsky Boulevard 8, Bau Lotte Plaza, 21. Stock, Moskau Tel.: +7 495 229 55 19, www.kalinabar.ru

Texture Restaurant & Champagne Bar,
34 Portman Street, London
Tel.: +44 207 224 0028, www.texture-restaurant.co.uk

St Pancras Grand Champagne Bar,
St Pancras Station, Pancras Road, London
Tel.: +44 207 870 9900, www.searcys.co.uk

The Coburger Bar im The Connaught Hotel,
Carlos Place, Mayfair, London
Tel.: +44 207 107 8880, www.the-connaught.co.uk

Amuse Bouche, 51 Parsons Green Lane, London
Tel.: +44 207 371 85 17, www.abcb.co.uk

VEREINIGTE STAATE

The Bubble Lounge New York,
228 West Broadway, New York
Tel.: +1 212 431 34 33, www.bubblelounge.com

The Champagne Bar im Hotel Plaza New York,
768 Fifth Avenue, New York
Tel.: +1 212 759 30 00, www.theplaza.com

Del Posto, 85 Tenth Avenue, New York
Tel.: +1 212 497 80 90, www.delposto.com

Pops for Champagne, 601 North State Street, Chicago
Tel.: +1 312 266 76 77, www.popsforchampagne.com

The Bubble Lounge San Francisco,
714 Montgomery Street, San Francisco
Tel.: +1 415 434 42 04, www.bubblelounge.com

Laguna Champagne Bar im Hotel The Palazzo,
3325 Las Vegas Blvd. South, Las Vegas
Tel.: +1 702 607 77 77, www.palazzo.com

Champagnerreisen

Um Champagner zu finden, der seinem Namen alle Ehre macht, und zu erleben, was die Region ausmacht, müssen Sie in die Champagne fahren. Nur dort können Sie Ihre Vorräte mit Weinen ergänzen, die direkt aus den tiefen, kühlen Kellern der Champagnerhäuser kommen, wo sie unter perfekten Bedingungen reifen.

Die drei Zentren der Champagnerherstellung – Reims, Épernay und Troyes – haben Champagnerliebhabern viel zu bieten. Neben einer ganzen Reihe erstklassiger Restaurants findet man dort ungewöhnliche Cuvées, Cuvées kleiner Winzer und ältere Jahrgänge, die außerhalb Frankreichs kaum zu bekommen sind. In Reims und Épernay kann man zudem an beeindruckenden Touren durch die Keller einiger großer Champagnerhäuser teilnehmen.

Kellerbesichtigungen

Bei Ihrem Aufenthalt werden Sie sicher den einen oder anderen Keller besichtigen wollen. Einige der Keller sind alte *Crayères*, Kalksteinbrüche, die in römischen Zeiten eine Quelle für Baumaterial waren. Besonders ist, dass der Kalkstein in großen Blöcken aus dem Gestein herausgeschnitten und mit Seilen durch schmale Öffnungen nach oben gezogen wurde. Die ältesten, noch heute als Keller genutzten Crayères liegen im Süden von Reims. Dort, an der Place du Général Gouraud, findet man auch die Häuser Pommery, Taittinger, Veuve Clicquot und Ruinart. Auf der anderen Seite der Stadt bietet GH Mumm eine Kellerführung, die ebenfalls sehr lohnend ist.

Den spektakulärsten Keller hat Pommery. 116 Stufen führen hinab in die enormen konischen Kalksteinbrüche. Zudem können Sie dort riesige Steinreliefs bewundern, die Gustave Navlet in den 1880er Jahren direkt in die weichen Wände gehauen hat. Ruinart hat ebenfalls einen eindrucksvollen Keller. Dort führen Stufen 30 Meter hinab in gewaltige, an eine unterirdische Kathedrale erinnernde Crayères.

GH Mumm
29 Rue du Champ de Mars, Reims
Tel: +33 3 26 49 59 69, www.mumm.com

Pommery
5 Place du Général Gouraud, Reims
Tel: +33 3 26 61 62 63, www.pommery.com

Ruinart
4 Rue des Crayères, Reims
Tel: +33 3 26 77 51 51, www.ruinart.com

Taittinger
9 Place Saint-Nicaise, Reims
Tel: +33 3 26 85 43 35, www.taittinger.com

Weinberge

Bei einem Besuch der großen Häuser werden Sie immer wieder auf Weine stoßen, die nicht exportiert werden. Wenn Sie jedoch von kleineren Häusern und Winzern kaufen möchten, sollten Sie die Städte verlassen und in die Weinberge fahren. Dort können Sie einige der besten Champagner zu guten Preisen finden. Recherchieren Sie ein wenig und melden Sie Ihren Besuch an. Dann können Sie bei einer gemütlichen Tour am Morgen oder Nachmittag leicht mehrere Weingüter besuchen. Dort kaufen Sie den Wein direkt von den Menschen, die ihn herstellen. So lernen Sie am meisten über Champagner.

Etwas Außergewöhnliches sind *Jour de vendange-Touren* (Tag der Weinlese). Einige Winzer bieten sie während der Ernte an, meist Mitte September. Bei so einer Tour können Sie Trauben ernten und pressen und von Champagnern einiger kleinerer Winzer kosten. Eine vollständige Liste der Winzer, die solche Touren anbieten, erhalten Sie bei den Touristeninformationen in Aube (www.aube-champagne.de) und Marne (www.tourisme-en-champagne.com).

Weitere Kontakte

Weitere Informationen für Ihre Reise erhalten Sie bei den unten stehenden Adressen. Das *Comité Interprofessionel du Vin de Champagne* (CIVC) hat zudem 13 weitere Büros außerhalb Frankreichs.

CIVC
5 Rue Henri Martin, Épernay
Tel: +33 3 26 51 19 30, www.champagne.fr

Touristeninformation Reims
2 Rue Guillaume de Machault, Reims
Tel: +33 8 92 70 13 51, www.reims-tourisme.com

Touristeninformation Épernay
7 Avenue de Champagne, Épernay
Tel: +33 3 26 53 33 00, www.ot-epernay.fr

Troyes tourist office
16 Boulevard Carnot, Troyes
Tel: +33 3 25 82 62 70, www.tourisme-troyes.com

Syndicat Général des Vignerons
Les Champagner de Vignerons, 17–19 Avenue de Champagne, Épernay, Tel: +33 3 26 59 55 00, www.champagnesdevignerons.com

Glossar

Assemblage Verschnitt sowie Zusammenstellung des Verschnitts von verschiedenen Weinen und/oder Jahren.

Autolyse Biochemischer Prozess während der zweiten Gärung, bei dem tote Hefezellen abgebaut werden.

Barrique Kleines Eichenfass mit 225 Litern, wie es u.a. in Bordeaux verwendet wird.

Chef de Cave dt. Kellermeister, der die Weine prüft, kostet und die Qualität sicherstellt.

Coopérative-manipulante (CM) Genossenschaft zur Herstellung und zum Verkauf von Wein.

Crémant Perlender Wein mit einem Druck von ca. 3,5 Atmosphären. Der Name ist seit 1994 in der Champagne nicht mehr erlaubt und bezeichnet heute Schaumweine aus anderen Teilen Frankreichs.

Cru dt. Gewächs, ein spezifisches Dorf oder eine Gemeinde.

Cuvée Ein spezifischer Champagnerverschnitt oder der Most aus der ersten und besten Pressung.

Crayère Gallo-römische Kreidebrüche, die heute als Weinkeller genutzt werden.

Dégorgement dt. Degorgieren, Entfernen des während der zweiten Gärung entstandenen Hefesatzes.

Demi-muid Eichenfass mit 600 Litern Fassungsvermögen.

Dosage auch Liqueur d'Expédition oder Versand-Dosage, Mischung aus Wein und Zuckersirup, mit der die Flasche nach dem Dégorgement aufgefüllt wird.

Échelle des Crus dt. Leiter der Gewächse, Verfahren, durch das die 319 Crus nach der Qualität ihrer Lagen bewertet werden.

Flaschenalter Zeit, die ein Wein vor dem Genuss in der Flasche altert; hat meist einen mildernden Effekt.

Foudre Großes Holzfass mit 1.000 Litern Fassungsvermögen und mehr.

Grand(s) Cru(s) Gemeinde oder Lage mit 100% auf der Échelle des Crus.

Gyropalette Automatisch gesteuertes Rüttelsystem für rund 500 Flaschen.

Hefesatz Sediment abgestorbener Hefezellen auf dem Boden eines Fasses oder einer Flasche.

Liqueur d'Expédition siehe Dosage

Liqueur de Tirage dt. Füll-Dosage, Flüssigkeit aus Wein und Zucker, durch deren Zugabe die zweite Gärung eingeleitet wird.

Marc 4.000 kg Trauben, dem Fassungsvermögen einer Coquard-Korbpresse entsprechend.

Méthode traditionelle Klassische Art der Schaumweinherstellung, bei der die zweite Gärung in der Flasche erfolgt.

Monocru Champagner aus einem einzigen Cru.

Mousse Schaum, der durch Perlenbildung entsteht.

Mousseux dt. Schaumwein.

Négociant-manipulant (NM) Champagnerhaus, das für die Produktion Trauben oder Weine zukaufen darf.

NV Non-Vintage, dt. jahrgangslos.

Pièce Kleines Eichenfass mit 228 Litern, oft Fässer aus dem Burgund.

Premier(s) Cru(s) Gemeinde oder Lage mit 90 % bis 99 % auf der Échelle des Crus.

Prise de Mousse Perlenbildung bei der zweiten Gärung.

Pupitre Rüttelpult, in dem Flaschen kopfüber stehen, damit der Hefesatz in den Flaschenhals sinkt.

Récoltant-manipulant (RM) Winzer, der Champagner aus eigenen Trauben herstellt und bis zu 5 % seiner Ernte von anderen kaufen oder mit ihnen tauschen darf.

Remuage dt. Rütteln, Drehen und Schütteln der Flaschen, durch das der Hefesatz vom Flaschenboden gelöst und in den Flaschenhals befördert wird.

Reserveweine Weine einer Assemblage aus früheren Ernten.

Saignée Verfahren zur Herstellung von Rosé, bei dem Farbpigmente aus der Schale der roten Traube ausgeblutet werden.

Taille Minderwertigerer Most der zweiten, früher auch dritten Pressung der Trauben.

Vendange dt. Weinlese.

Vigneron dt. Winzer.

Vin(s) Clair(s) Wein(e) nach der ersten Gärung, die als Grund- oder Reserveweine die Basis einer Cuvée sind.

Index